나, 페미니즘하다

더 생각 인문학 시리즈 11　　**스스로 생각하고 만드는 내 삶을 위한 실천**

인문학의 존재 이유는 나를 둘러싼 세상에 질문을 던지고 내 삶과 존재하는 모든 삶의 의미를 확인하며
더 깊이 이해하는 데 있습니다. '더 생각 인문학 시리즈'는 일상의 삶에 중심을 두고 자발적인 개인을
성장시키며 사람의 가치를 고민하고 가치 있는 삶의 조건을 생각하는 기회로 다가가고자 합니다.

나, 페미니즘하다

초판 1쇄 발행 2020년 2월 25일

지은이. 이은용
발행. 씽크스마트
책임편집. 백설희

ISBN
978-89-6529-228-9 (03330)
13,000원

이 도서의 국립중앙도서관
출판예정도서목록(CIP)은
서지정보유통지원시스템 홈페이지
(http://seoji.nl.go.kr)와 국가자료
공동목록시스템(http://www.nl.go.kr/
kolisnet)에서 이용하실 수 있습니다.
CIP제어번호: CIP2020007220

도서출판 씽크스마트
서울특별시 마포구 토정로 222(신수동)
한국출판콘텐츠센터 401호
전화. 02-323-5609 / 070-8836-8837
팩스. 02-337-5608
메일. kty0651@hanmail.net

도서출판 사이다
사람의 가치를 밝히며 서로가 서로의
삶을 세워주는 세상을 만드는 데 필요한
사람과 사람을 이어주는 다리의 줄임말이며
씽크스마트의 임프린트입니다.

씽크스마트 · 더 큰 세상으로 통하는 길
도서출판 사이다 · 사람과 사람을 이어주는 다리

나, 페미니즘 하다

이은용 지음

요즘
나는
페미니즘하다

나는 요즘 '페미니즘하다'를 품었습니다. 오물오물. 가끔 가만히 읊조려 보기도 하는데요. 몇몇 이름씨(명사) 뒤에 붙어 움직씨(동사)나 그림씨(형용사)를 만드는 '~하다'를 '페미니즘'에 잇댄 거죠. 내 마음대로 만들어 품은 말이라 언제 어디서나 누구에게든 통하지는 않을 겁니다.

움직씨를 만드는 '~하다'를 붙인 까닭은 꽤 뚜렷해요. '페미니즘을 한다'는 뜻이니까. '사랑하다'나 '생각하다'처럼 만들어 쓴 거죠. 내가 요즘 페미니즘에 얽힌 책을 읽고 이것저것 곰곰 생각하며 뭔가 끄적이는 걸 일컫는 말로 읽혔습니다. 널리 두루 쓰이기 힘든 말인 데다 올바로 만든 느낌도 없어 그저 '읽혔다'고 말하는 거예요. 아무튼 나는 '페미니즘하다' 하나를 그리 품었죠.

그림씨나 어떻씨(형용사)를 만드는 '~하다'를 붙인 건 좀 더 멋대로 만든 말인데 되레 혀와 마음에 착 감겨요. 요즘 세상 일 얽히고설킨 게 꼭 '페미니즘한 성싶다'는 뜻이니까. '진실하다'나 '정직하다'처럼 만들어 쓴 거죠. 대통령이 되려 했던 정치인으로부터 뜨르르하게 잘나가던 검사와 가수에 이르기까지 끝 모를 성폭력 범죄를 딛고 돌아난 분노를 일컫는 말로 보였습니다. 분노 치솟아 외치고 한데 모여 움직이는 여성들 모습이 매우 떳떳한 나머지 내 눈에도 뚜렷하게 '보였다'는 거예요. 나는 그렇게 '페미니즘하다'를 하나 더 품었죠.

뒤늦게 귀 트고 눈 뜨려 애쓴 나는 '페미니즘할수록' 가슴 내려앉고 한숨 깊어졌습니다. 여러 책갈피와 동네 골목 어귀와 서울 강남역 10번 출구에 켜켜이 쌓여 도사렸던 수많은 아픔이 벌떡벌떡 일어나 가슴을 저며서. 서울 지하철 강남·혜화·광화문·종각·홍대입구역 둘레를 흔든 애탄 외침에 미안해서. 거친 길거리 마당에 선 채 함께 부르짖을 수밖에 없는, 괴롭고 아픈 한국 여성 삶을 제대로 알지 못한 내가 부끄러워서.

  왜 사람을 죽였을까요. 만만해 보인 여성을 골라서. 왜 같은 일 하는 사람 몸을 마구 더듬었을까요. 자기보다 늦게 일 시작한 여성 검사를 골라서. 왜 여러 차례 강간했을까요. 가까운 곳에서 자기 정치·행정 일 도와주던 여성을 골라서. 왜 사진과 동영상을 몰래 찍어 에스엔에스 단체방에 올렸을까요. 자기를 좋아하거나 사랑한 여성을 골라서. 왜 여러 해 동안 성폭행했을까요. 장애가 있는 학생을 골라서. 왜 여러 차례 희롱하고 추행했을까요. 기자와 동료 여성 교수를 골라서. 대체 왜.

  범죄자가 참으로 많더군요. 한집에 함께 살던 짝을 오랫동안 때리고 짓밟으며 강간한 자. 끝내 짝을 죽인 자. 아홉 살 딸을 성인 될 때까지 때리고 짓밟으며 강간한 자.

　음. 나쁜 손 몹쓸 짓—이라 표현되는 성범죄와 차별
—이 너무 많아 나는 벌어진 채 굳은 입을 쉬 다물 수
없었습니다. 숨 조금 튼 뒤엔 내 삶 둘레와 몸짓과 생
각을 더듬게 됐고요. 좀 더 곰곰 살피고 생각하며 이
책을 다듬어 봤습니다. 부디 더욱더 많은 사람이 좋은
생각, 아름다운 사랑 함께하는 열쇠가 되길 바랍니다.

　나는 직업이 기자여서 이런저런 세상일 살펴보는
데 익숙합니다. 세상일을 살펴보다가 뭔가 이상하다
싶으면 더 깊이 들여다보고, 잘못됐다 싶으면 콕 집
어 가리키고는 하죠. 기사로. 이건 이래서 잘못된 듯
하고 저건 저래서 고쳐야 할 성싶다고 쓰는 거예요.
감정 따위에 치우치지 않고 있는 그대로. 공평하고 올
바르게. 공익을 위해 책임지고 씁니다. 살펴볼 세상일
을 따로 정해 둔 건 아니에요. 들려오는 거의 모든 일
에 귀 기울이고 늘 눈 뜨고 있으려 애씁니다. 그러다
보면 자연스레 '페미니즘'처럼 뜨거운 걸 가슴에 품게
되더군요. '이게 뭘까' 살피고 '이걸 문제라 하는 사람

은 왜 그럴까' 좀 더 들여다보며 '나는 뭘 해야 할지' 골똘히 생각하는 거죠.

　나는 그리 자연스럽게 페미니즘을 머리에 넣기 시작해 가슴으로 품게 됐습니다. 오랫동안 남자 쪽으로 기운 나머지 여성이 힘들었던 세상, 그 세상을 고르고 판판하게 할 바탕이라 여기게 된 거예요. 여성과 남자는 말할 것도 없고 한 몸에 두 성을 모두 가진 사람이든, 마음속으로 겉몸과 다른 성을 느끼는 사람이든, 겉몸을 마음에 맞춰 바꾼 사람이든 아무 문제없이 누구나에게 고르고 판판한 세상을 "우리 함께 만들자"고 말하려 애쓰는 까닭이죠.

　나는 2019년에 대학생이 된 벗, 아들과 한집에 삽니다. 씩씩한 짝과 내 유전자를 오십 퍼센트씩 타고난 벗 때문에 페미니즘이 더욱 절절해졌죠. 그 친구가 스무 살이나 됐음에도 글쎄, 페미니즘이 무엇인지 잘 모르더군요. 대학수학능력시험 준비하고 치르느라 오래전부터 바빴던 탓인지 페미니즘을 두고 대충 생각하고 건성건성 말하는 품이 영 신통치 않은 겁니다. 그래서 틈 날 때마다 조금씩 이런 말 주고 저런 말 받

프롤로그

고는 했는데 글쎄, 이 친구 또래 가운데 하나가 비공개 촬영회 불법 영상 흩뜨리기와 성추행 피해를 세상에 알린 양예원 씨를 비웃으며 놀린 사진을 찍어서는 인터넷에 올렸다가 경찰서에 불려 간 일이 일어났어요. 그걸 고등학교 졸업 앨범에 담으려 했다죠.

어쩜 그리 쉬 생각하고 말하며 움직였을까요. 중고등학생은 마냥 착한 줄로 알았고 가끔 치기 어린 장난쯤 하겠거니 여겼는데 꼭 그렇지는 않은가 봅니다. 아파하는 사람을 거듭 짓밟은 거였잖아요. 어쩜 그리 나쁠 수 있었는지. 나는 사실 충격받았습니다. 씩씩한 짝도 놀랐고. 음. 벗도 크게 놀랐죠. 양예원 씨를 비웃으며 놀린 고등학생이 다닌 학교가 나와 짝과 벗이 사는 곳에서 그다지 멀지 않았거든요. 생각보다 가까운 곳에 아픈 사람 비웃고 깔보며 놀린 고등학생이 있었다 보니 동네에도 소식이 뜨르르했죠.

나는 '이거, 쯧쯧쯧 하고 혀 몇 번 차고 지나칠 일이 아니로구나' 싶었습니다. 하긴 사람이 열세넷이나 열예닐곱 살쯤 되면 이미 몸 크고 머리 굵게 마련인데

마냥 어린아이로 여기면 안 될 걸로 깨달았어요. 하여 이것저것 곰곰 짚어 보기 시작했는데 볼록 '혐오'부터 솟더군요. 사람 미워하고 싫어하는 거. 사람과 사람 사이에 오랫동안 다져져 철옹성처럼 무거워진 거 말입니다. 어리석은 한 고등학생이 몹시 아프고 괴로운 양예원 씨를 깔보며 놀린 짓의 바탕. 왜 그 지경이 됐을까요.

내 벗과 짝은 말할 것도 없고 세상 그 누구든 컴퓨터 자판 위 손가락 따위가 빚은 혐오 때문에 괴롭거나 아프지 않아야 한다고 나는 생각합니다. 함께 사는 사람에게 짓밟혀 '이러다 죽을 수도 있겠다'는 두려움에 휩싸이거나 누군가에게 강간당해 몸과 마음을 더럽히지 말아야 하겠죠. 누구에게나 고르고 판판한—평등—세상을 꾸리기 위해 너나없이 함께할 일이 무엇인지를 가슴에 품을 때가 됐어요. 진득이. 여성이 왜 괴롭고 아파하는지, 왜 "나도 당했다"고 말할 수밖에 없는지부터 살핍시다.

2020년 초 이월.
올 봄 바라는 때마디에.

차례

머리말

요즘 나는 페미니즘하다   004

1 버릴 혐오

강남역 살인과 마녀사냥   017

우연 아닌 겨냥   021
혐오는 쓰레기   028
평등이 열쇠   034

2 떠받칠 거울

메갈리아 워마드   043

거울 든 메갈리아   053
워마드, 끝나지 않은 움직임   057

3 함께할 미투

아이돌 페미니즘과 펜스룰   067

돈과 포르노가 빚은 참사   073
힘내라, 수지   077
설현과 손나은과 아이린이 뭘 어쨌기에   084
비겁한 펜스룰   095
오덕식, 갈 길 먼 남자 중심 한국 사회 지표   102

4 꾸짖을 남자

김학의와 안태근과 안희정, 수많은 자   109

투사 서지현   118
투사 김지은   126

5 벗어날 코르셋

불꽃 페미 액션   137

굴레를 벗고   141
대통령 앞 손흥민처럼   144

6 앞세울 페미니즘

힘차게 일어났다   155

오죽하면 거리에 섰으랴   163
벽보 찢는 나쁜 손   166
군대, 자랑삼아 세력 부릴 일 아냐   176
평등 깃발 세우며   183

참고문헌

배우고 익히며   190

1

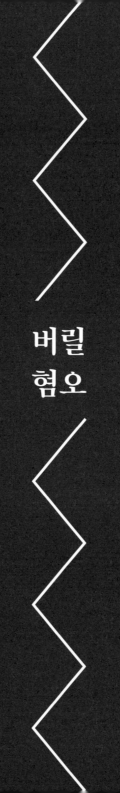

버릴
혐오

강남역 살인과 마녀사냥

 2016년 오월 17일 0시 33분께. 김성민. 남자. 그때 서른네 살. 서울 서초동 한 술집 화장실에 숨어들어 '여성'을 기다렸습니다. 여성과 남자가 함께 쓰는 화장실이었죠. 시간이 34분쯤 흐른 1시 7분께. 화장실로 들어온, 갓 스물세 살 된 여성을 죽였어요. 32.5센티미터짜리 칼로. 여성 왼쪽 가슴을 네 번 찔렀습니다. 네 번이나. 까닭? 여성이어서. 서로 알거나 다툰 사이? 아니, 그냥 여성이어서.

살인을 저지른 화장실이 있던 상가, 그중 한 술집에서 일한 김성민. 세상 모든 여성을 싫어하고 미워했습니다. 혐오(嫌惡). 여성과 얽혀 다퉜거나 뭔가 피해를 입어 억울했던 적도 없는 것으로 드러났죠. 그냥 싫고 미워 까닭 없이 사람을 죽인 거예요. 그는 살인한 뒤 "그냥 뭐 담담하다"는 말로 세상을 더욱 놀라게 했죠. 음. 2017년 사월 13일 대법원 재판정 공기를 흩뜨린 "징역 30년!"보다 훨씬 더 무거운 책임을 져야 마땅할 겁니다. 남아 있는 삶을 다 들여도 모자랄 만큼.

2016년 오월 17일. 잊어선 안 될 그날. 하늘 놀라고 땅 뒤흔들렸습니다. 한국 사람 누구나 크게 놀란 입 다물지 못했죠. 자기 삶 둘레에서도 32.5센티미터짜리 칼 든 남자가 날뛸 수 있다는 걸 알았으니까. 살갗에 절로 소름 돋았어요. 그저 어쩌다 살아남았다는 걸 깨달았으니까. 특히 여성 삶엔 곧바로 닿는 두려움이었습니다. '화장실에서 까닭 없이 죽을 수도 있다'는 무서움. 캄캄한 밤 뒤따라오는 발걸음 소리가 가슴속을 점점 더 크게 방망이질하는 공포. 나는 사실 이런 두려움과 무서움을 제대로 알지 못했습니다. 남자여서. 늦은 밤 느긋이 화장실 찾아갔고, 사람 없는 밤공기가 좋아 천천히 들이마시며 동네 골목을 걸었죠. 한데 그날, 2016년 오월 17일 나는 머리가 깨졌습니다. 두려워요. 늦은 밤 화장실 찾아가는 게. 무서워요. 밤공기 마시며 골목길 걷는 게. 남자임에도. 화장실 안에 사람 있거나 골목길에 뒤따라오는 이라도 있으면 … 그를 살핍니다. 가만히 뒤돌아보기도 하고요. 어렴풋했을 뿐 느낄 수 없던 '밤길 걷는 여성의 두려움과 무서움'이 내 가슴을 실제로 두드리기 시작한 겁니다.

여성 혐오 살인자 김성민은 그날 화장실로 들어온 여섯 남자를 그냥 보냈죠. 오로지 여성이 싫고 미웠기에 여섯 남자에겐 아예 죽일 마음을 두지 않았던 걸까요. '제대로 죽이기 힘들거나 되레 자신이 다칠 수 있을 듯싶어' 남자를 걸러 내지는 않았을까요. 그랬을 수 있기에 나는 '여성이 느끼는 공포는 더 무겁겠구나', '터무니없는 혐오 때문에 화도 솟겠다', '여성 혐오를 거두라 외칠 수 있겠네'라고 느낍니다.

범죄 일어난 뒤 하루만인 2016년 오월 18일. 서울

지하철 2호선 강남역 10번 출구가 노란 쪽지로 물들기 시작했죠. 죽은 사람 그리며 안타까운 마음 담은 꽃도 많이 놓였고요. 음. 나는 얼마 전 강남역 10번 출구를 빠져나와 한남대교 쪽으로 걷다가 그 길에 있었던, 지금은 사라진 뉴욕제과와 타워레코드 강남점을 머릿속에 떠올렸습니다. 1995년과 2000년 사이였죠. 뉴욕제과를 기점으로 삼아 짝이나 벗을 만나 즐길 곳을 짚어 보고는 했거든요. 특히 타워레코드 강남점은 내 오랜 친구가 점장이었습니다. 신문 기자로 살며 영화와 음반 쪽을 취재할 때라 별일, 즉 기삿거리의 흐름을 살피며 벗도 만나던 곳이었죠. 나는 요즘에도 만날 사람 있어 가끔 강남역과 신논현역 사이를 걷고는 합니다. 누군가 부산 해운대역과 대구 반월당역에서 가까운 곳에 머물다가 화장실을 찾듯. 누군가 대전과 광주와 강릉과 제주 도심에서 이리저리 걷고는 하듯. '강남역 살인'이 나와 당신 곁 여기저기에 도사렸죠. 몸 떨려요. 떨림. 사람이, 특히 여성이 두렵고 무섭다고 느끼는 걸 '나도 그렇다'고 느끼는 거. 공감(共感). 다른 사람 마주하는 첫 마음이자 첫 몸짓.

우연 아닌 겨냥

강남역 살인은 한국 페미니즘 자취에 살아 있는 화산이 됐습니다. 오랫동안 거듭해 바짝 졸여진 혐오가 사람을 그냥 죽이는 지경에 닿자 수많은 여성이 치떨었죠. 분노가 워낙 컸던 터라 화산은 드높이 솟아 여러 갈래로 멀리멀리 퍼졌습니다. 이게 대체 어찌 된 일이고, 그동안 무슨 일 있었던 걸까요.

1989년 십이월 6일 캐나다 몬트리올 에콜폴리테크 대학에서 스물다섯 살 된 마크 레피네가 여성을 마구 죽인 짓에 눈길이 먼저 머뭅니다. 강남역 살인과 판박이인 듯해서죠. 레피네는 "늘 페미니스트들 때문에 화가 나 있었다"더니 기어이 일을 저지르고 말았습니다. "늘 내 앞길을 막아 온 페미니스트들을 창조주에게 되돌려 보내려 한다"며 스물여덟 명에게 총을 쐈어요. 여성만 겨눈 채. 안타깝게도 열네 명이나 죽고, 나머지 열넷이 다쳤습니다. 캐나다 시민은 이를 "몬트리올 대학살"이라 일컬을 정도로 가슴을 깊이 베였죠.

'밉다'고 사람을 열넷이나 죽이다니. 일어나지 말았어야 할 일이었습니다. 한데 페미니스트 이민경이 <우리에게도 계보가 있다> 140쪽과 143쪽에 쓴 걸 보니, 이 사건을 여성 혐오 범죄로 보지 않으려던 쪽에서 "여성이 사망한 것은 우연한 일이지 여성을 일부러 범죄 타깃으로 삼은 게 아니다. 살인범도 사회 구조의 희생자였고 정신병 때문에 일을 저지른 것이다. 이 일을 정치적으로 끌고 가서는 안 된다"고 주장했다더군요.

이건 사건 초점을 흐리고픈 마음이 빚은 주장으로 읽힙니다. '우연'과 '정신병'을 버무려 남자중심사회가 끌어안을 짐을 조금이라도 덜고픈 바람인 거죠. 정신장애나 이상으로 병을 앓던 사람이 아무런 까닭 없이 뜻하지 않게 일으킨 일, 즉 우연이어야, 마치 언제 어디서나 일어날 만한 사건인 듯해야 뒷수습이 한결 쉬울 걸로 여기는 거예요. 빨리 덮고 잊혔으면 하는 마음이 굴뚝같기도 할 테고. 하지만 그리 흐리멍덩히 넘길 일이 아닙니다. 마크 레피네가 "페미니스트들 때문에 화가 나" 여성 스물여덟 명을 뚜렷이 겨냥했기 때문. 거짓이나 상상이 아닌 삶 가까운 곳에서 실제로 세밀히 일어난 '여성 혐오 범죄'임에 틀림없어요. '우연'과 '정신병'에 기대어 스리슬쩍 덮고 넘어갈 일이 아닌 거죠. 몇 걸음 양보해 레피네에게 정신병이 있었다손 치더라도 그가 '페미니스트가 늘 내 앞길을 막아왔다'고 여기게 된 건 '캐나다 사회 안 여성 혐오 현상 때문'이라는 데 눈길을 둬야 합니다. 남자중심사회에서 차곡차곡 다져진 여성 혐오가 레피네 같은 자의 헛된 생각에 비춰져—투영돼—총을 들게 한 거예요. 여러 정신의학자와 사회심리학자와 법학자 분석이 그렇습니다. 특히나 놓치지 말아야 할 건 레피네에게 정신병이 있고 없고를 떠나 "몬트리올 대학살"이라고 본 캐나다 시민 판단이죠. 페미니스트가 미워 여성을 겨냥해 스물여덟 명이 죽거나 다치게 한 학살. 그 무엇으로도 초점을 흐리거나 스리슬쩍 덮고 넘어갈 수 없는 여성 혐오 범죄였어요.

강남역 살인 앞뒤 흐름도 매한가지. '묻지 마 살인'이라는 우연과 김성민의 조현병 내력을 얽어 강남역 10번 출구를 물들인 '노란 쪽지' 물결이 멈추기를 바란 자들이 있었죠. 여성 혐오를 깨뜨려 평등하고 안전한 세상을 만들고자 강남역 10번 출구로 나선 시민의 뜻을 '우연'과 '조현병'으로 은근히 비틀려 한 겁니다. 실제로 '조현병이 있는 개인 범죄'로 사건을 찌그러뜨리려는 말이 인터넷에 많이 흘러 다녔어요. 여성을 더욱 혐오하거나 협박하는 말까지 인터넷을 물들였죠. 수많은 시민 상처에 소금을 뿌리는 꼴. 생각 모자란 몹쓸 짓 덕에 김성민의 여성 혐오 살인 책임 "징역 30년!"이 덮이거나 잊혀선 곤란합니다. 되레 한국 사회 바탕을 '징역 30년 이상'으로 끌어올리려 애쓸 때가 됐어요.

캐나다에선 대학살 2년 뒤인 1991년부터 한국과는 크게 다른 흐름이 이어졌습니다. 해마다 십이월 1일이 되면 학살 일어났던 그달 6일까지 엿새 동안 남자들이 가슴에 하얀 리본을 달기로 했어요. '몬트리올 대학살' 때 슬프고 아깝게 세상을 떠난 여성 열네 명을 그리는 마음을 가슴에 단 리본으로 내보인 거죠. '하얀 리본 운동—화이트 리본 캠페인(White Ribbon Campaign)'으로 불립니다. 착하고 깨끗한 그분들 마음에 손뼉. 한국 남자 가슴에서도 하얀 리본 많이 돋아나길. 제발.

음, 학살자 마크 레피네가 '창조주'를 들먹인 것을 그냥 지나칠 수 없겠습니다. "페미니스트들을 창조주에게 되돌려 보내려 한다"고 말했다는데요. 이건 딱 '마녀사냥' 틀입니다. 700년 전인 1300년대에 시작해 400년 전인 1600년대에 끝난 줄로 알았던 유럽과 북아메리카 '마녀재판'이 1989년 무렵 스물다섯 살짜리 캐나다 남자 머리 안에까지 이어진 거죠. 고스란히. 700년 묵은 '여성 혐오'인 셈입니다.

1692년 유월 북아메리카 뉴잉글랜드 세일럼에서 마녀재판이 있었는데 스물세 명이 죽었습니다. 열아홉 명이 숨 끊길 때까지 목에 줄을 옭아매야 했고, 한 명은 고문 끝에 죽었어요. 셋은 감옥에서 재판을 기다리다가 숨졌죠. 백여든 명이 마녀인가 싶어 붙들린 뒤 쉰아홉 명이 재판에 넘겨져 서른한 명에게 죄가 있다는 판결이 났습니다. 대부분 여성이었어요. 마녀재판에 "문제가 있다"며 목소리를 높인 남성 셋이 터무니없는 판결로 함께 목숨을 잃었고.

세일럼에 살던 몇몇 여자아이가 갑자기 헛소리를 하며 몸에 열이 올라 이리저리 뛰어다녔는데 그걸 '마녀 때문'으로 본 거였습니다. 밑도 끝도 없이. 몇몇 여자아이를 두고 마을 의사 윌리엄 그릭스가 "마녀가 해 놓은 짓으로 보인다"는 헛소리를 한 바람에 마녀사냥이 이뤄져 스물세 명이나 죽은 거였죠. 백 명 넘게 억울하게 아팠고요.

엘 레너드 케스터와 사이먼 정은 <세계를 발칵 뒤집은 판결 31> 277쪽에 "1647년부터 1663년 사이 (뉴잉글랜드에서) 마녀 혐의로 체포된 79명 가운데 33명이 재판에 회부됐고 15명이 처형당했다. 이는 거의 50%에 가까운 사형률"이라고 짚었죠. 1300년대 유럽에서 얼굴을 내민 마녀사냥이 북아메리카에서 그야말로 꼭짓점을 이뤘다 하겠습니다.

마녀로 몰린 여성은 '마녀인지를 알아보는' 이런저런 시험에 내몰렸어요. 마녀가 날 수 있다고 어림잡은 나머지 벼랑 끝에서 일부러 밀어 봤다지 않습니까. 예수처럼 물 위를 걸을 수 있는 것으로 넘겨짚어 물에 빠뜨리기도 했고. 이게 말이나 될 얘깁니까. 애먼 사람 숱하게 죽었을 겁니다. 억울하게.

물 위를 걸었다는 예수에 견줄 힘을 가졌을 것으로 여길 만큼 정말 '마녀'가 두려웠을까요. <못생긴 여자의 역사>를 지은 클로딘느 사게르는 옛 마녀를 두고 "독신 혹은 과부로 흔히 아이가 없으며 당대 사회의 가치와 규범에 문제를 제기하는 태도를 가진 독립적인 여성"이라고 뜻매겼습니다. "여성 혁명 투사나 동화 속 마녀에도 해당될 수 있는 말"로 봤죠. 끄덕끄덕. 남자들 보기에 혁명 투사처럼 힘센 여성이 두려웠을 수 있겠네요. 가족과 아이 없이 홀로 살며 자산을 늘린 여성을 마녀로 몰아 죽인 뒤 재산을 가로채는 범죄도 잦았다고 들었습니다. 범죄로 자기 배를 불리려니, 매부리코가 입을 지나 턱에 닿는 마녀 같은 허상을 만들어 내야 했을 테죠. 못생기고 저주나 일삼는 만화영화와 어린이 동화에나 나올 법한 늙은 여인 말입니다. 하지만 그런 사람, 이른바 '마녀'는 세상에 없었어요. 지나치게 꾸며 만든 탓에 오직 여성 혐오 본보기틀 가운데 하나로 남았을 뿐이죠. 특히 가난하고 힘없는 남자일수록 '여성을 제대로 알거나 함께 살 기회'가 없었기에 경제적으로 홀로 선 채 사회 문제에 목소리를 내는 여성이 몹시 두려웠을 겁니다. 힘없는 남자들 사이로 두려움이 퍼지면서 어수룩하고 지나친 마녀 허상을 빚었고 시간이 흘러 혐오 틀로 굳어진 거죠. 힘센 여성 때문에 나와 내 삶이 쪼그라들지나 않을까 하는 걱정이 솟자 남자끼리 은근히 '여성을 하찮게 여겨 깔보는 짬짜미'를 이뤘다 하겠습니다. 마녀는 커녕 여성이 어떤 사람인지 제대로 알지도 못한 채 짓밟고 미워한 거예요. 폭력이요 범죄였죠.

혐오는 쓰레기

한반도에선 '마녀' 같은 게 마구 솟구치지는 않았습니다. 유럽에서 마녀사냥이 시작된 1300년대에 이성계가 고려를 지르밟고 1392년에 왕이 됐죠. 그 무렵까지만 해도 한반도 안 가족 중심엔 여성이 서 있었어요. 딸이 자기 어머니 아버지를 보살폈고 재산도 물려받았습니다. 돌아가신 어머니 아버지 제사도 딸이 지냈고요. 딸 아들 어느 쪽으로도 치우치지 않고 고르게 돌아가신 어머니 아버지를 함께 기린 거죠. 이른바 '처가살이'를 하는 남자도 많았습니다. 1504년 세상에 나온 신사임당도 열아홉 살에 짝을 만난 뒤 19년 동안 자기 어머니와 아버지를 모셨어요. 그의 짝은 19년 동안 처가살이를 했고.

　흐름이 크게 바뀐 건 임진왜란(1592년 ~ 1598년) 뒤로부터. <권인숙 선생님의 양성평등 이야기> 41쪽에 보니 "전쟁을 겪은 후 흐트러진 국가 정신과 사회 질서를 바로잡겠다는 의지는 장남 중심의 위계에 따른 가계 질서를 강조"했다더군요. 이성계가 조선을 열 때 들여온 유교 안에 '칠거지악(七去之惡)' 같은 게 이미 있었으되 사람 삶을 크게 흔들지는 못했는데, 전쟁 뒤 입김이 세졌다죠. 칠거지악. 남자가 짝을 내쫓을 수 있는 일곱 가지 허물이라는 건데요. 남자 쪽 어머니 아버지 말에 고분고분 잘 따르지 않거나 음란하고 방탕하면 내쫓겠다는 얘기였습니다. 아들을 낳지 못했거나 말이 많아도 내쫓을 까닭이 됐으니 참으로 어이없죠. 심지어는 시앗(첩妾)을 본(둔) 남편을 두고 질투하면 내쫓겠다 했어요. 남자야 좋아(?) 웃을 일이지만 여성에겐 그야말로 사람답지 못한 삶이었습니다.

　임진왜란이 끝난 1598년부터 2020년까지. 422년 동안 집안 힘 바통이 맏아들에서 맏아들로 이어지며 '칠거지악' 같은 게 고개를 빳빳이 쳐들어 '가부장제(家父長制)'를 굳게 다졌습니다. 아버지가 지배하는 집안 말예요. 422년 동안 그리 거듭되다 보니 "남편은 하늘이요 아내는 땅"이라는 말이 21세기에도 천연스레 굴러다녔죠. "집사람"이라는 둥 "여자는 삼 일에 한 번씩 패야 한다"는 둥 배배 비틀어진 말까지 살아 있습니다. 21세기임에도. 그대로 믿기 어렵지만 이런 생각과 말은 '일베—일간베스트저장소' 같은 인터넷 사이트에서 기세등등했죠. 입이나 눈에 담을 수 없을 '여성 혐오'로 이어지기도 했고요. '집사람'답지 않거나 '하늘 같은 남편'보다 더 높게 뛰어나고 산뜻한 여성을 본 뒤 기죽은 남자 여럿이 '일베' 같은 곳에 숨어들어 "삼 일에 한 번 패야 한다"는 둥 해 가며 이죽거린 겁니다.

특히 2015년 사월엔 티브이 익살꾼으로 이름을 널리 알린 장동민·유세윤·유상무가 인터넷 방송 '옹달샘과 꿈꾸는 라디오'에서 믿기 힘든 말을 연거푸 쏟아내 여러 사람을 놀라게 했죠. "생각해 보니까, 우리가 참을 수 없는 건 처녀가 아닌 여자"라는 둥 "창녀"라는 둥. 21세기임에도 그대로 믿기 어려운 거친 생각과 말을 거침없이 뱉는 남자가 참으로 많은 것 같습니다. 장동민과 유세윤은 2020년에도 티브이 이곳저곳에 꾸준히 얼굴 내밀더군요. 웃으며. 그 얼굴 보일 때마다 여러 여성 가슴에 얹힌 2015년 치 상처를 덧낼 성싶습니다. 그 얼굴 데려다가 티브이 프로그램 이어 나가는 한국 안 방송 제작 체계도 올곧은 것 같지는 않고요.

네, 여성 혐오는 좀 묵었습니다. 기독교 경전 때문에 여성을 '남자 갈비뼈 하나'쯤으로 여긴 자가 많았죠. '남자 갈비뼈 하나'쯤에 빗대다 보니 여성을 '모자란 사람'으로 깔봤고. 얼굴 아름다운 여성을 두고는 '생각 없는 백치미'로 덮으려 한 자가 많았죠. 재주 많고 이치에 밝은 여성에겐 '못생긴 덕'이라 깎아내렸고. 그리해 둬야 자기, 즉 남자의 힘이 꾸준할 줄 알았던 겁니다. 비겁하게도. 여성 혐오를 바탕으로 삼아 가부장제 사회를 짜고 다졌어요.

한데 남자를 앞세워 둔 채 여성을 혐오한 건 생각보

다 그리 오래된 쓰레기가 아닙니다. 사람이 두 발로 걷기 시작한 뒤 가족을 이루고 산과 들에서 짐승 잡아 남길 것 없이 그때그때 겨우 먹고산 지난 750만 년 가운데 수천 년에 지나지 않죠. 남자 중심으로 정치하기 시작한 게 기원전 십일이 세기—그리스 시대 열릴 무렵—이고, 지금 이십일 세기니까. 음. 길어야 삼십이삼 세기. 3200년이나 3300년에 지나지 않습니다. 좀 더 먼(?) 옛날을 헤아려 농사짓고 글자 만들어 문명을 이루기 시작한 기원전 오륙 천 년께를 짚더라도 8100년쯤을 넘지 못합니다. 750만 년은 8100년쯤보다 925.9배나 길죠. 926배. 되레 어머니가 한가운데인 채 핏줄을 이어 간 때가 훨씬 길어요. 그게 대체 얼마나 긴지 제대로 헤아릴 수 없을 정도죠.

어머니가 한가운데에 서 있었다고 해서 지금처럼 '아버지 마음대로'인 지배력을 누린 건 아니었습니다. 아기를 낳는 데 알맞은 여성 몸과 사냥하는 데 그나마 쓸 만한 남자 근육에 따라 제 나름으로 할 일을 나눠 맡아 했을 뿐이었죠. 그걸 두고 더 무겁거나 가벼운 일로 나눠 서로를 대하지는 않았어요. 다만 유전자를 뒤로 이어가려면 아기를 낳을 사람이 꼭 있어야 했기에 자연스레 어머니가 집안 핏줄기 한가운데에 섰을 겁니다. 우리는 다만 그때를 잊었을 뿐이죠. 곰곰 기억 되살려 가다 보면 여성 혐오가 쓰레기인 걸 알 수 있을 터. 생각보다 그리 오래된 쓰레기가 아니기에 쉬 버리고 새로운 삶을 꾸려 갈 수 있을 겁니다. 우리 함께. 세상 누구든 고르고 판판히 마주하는 게 가장 먼저 시작할 일이겠네요.

어머니가 한가운데인 세상을 지금 가늠해 볼 수도 있습니다. 모쒀족. 중국 윈난성 루구 호수 둘레에 모여 사는 사람들인데요. 어머니가 가족을 이끌죠. 가모장제(家母長制) 사회. 추와이훙이 쓴 <어머니의 나라> 117쪽을 보면 "가모장제이기는 하지만, 모쒀 여성들은 전통 중국문화에서처럼 성별 간에 우열을 두는 것이 아니라 성평등 세계에서 살았다"는군요. "이 사회 속에서는 모두가 모두를 동등하게 대했다. 여성이 남성을, 여성이 여성을, 남성이 여성을, 남성이 남성을, 나이 많은 이가 적은 이를 대등한 사람으로 취급했다"죠. 194쪽에도 같은 얘기가 있습니다. "모쒀인들은 여성이 남성보다 우월하고 남성은 열등하다는 생각을 하지 않는다. …(중략)… 모계 혈통을 이을 존재로서 여자아이들을 아끼지만, 동시에 남자아이들을 더 낮고 하찮게 취급하지 않는다"는군요. 여성을 아래로 둔 채 남자에게 이로운 것만 누리던 가부장제와 사뭇 달랐습니다. 성차별 없이 고루 판판한 삶을 산 거죠.

모쒀족은 한 사람과 결혼해 매여 살지 않고 언제든 사랑할 이를 얼마든지 새로 만날 수 있다고 합니다. 아이 키울 사람과 먹을거리를 구할 사람을 성별에 따라 나누지 않고 모두가 함께 땀 흘린다죠. 함께 일해 고르게 나눠 갖고 자유로이 사랑하는 삶. 부럽습니다. 고르고 판판한 세상을 함께 만들어 가다 보면 언젠가 우리가 누릴 삶일 수도 있겠고요.

평등이 열쇠

혐오. 사람이나 무엇을 싫어하거나 밉게 여김. "싫다"고 말하거나 욕하는 데 머물지 않고 몸을 움직여 미워하는 생각을 드러내는 자가 있는데요. 지나치면 범죄가 됩니다.

싫어하거나 밉게 여기는 까닭에 밑도 끝도 없을 때
가 많아 더욱 문제죠. 아메리카에 억지로 데려간 아프
리카 사람을 "몸 까맣다"며 마구 때리고 죽였습니다.
사람 씨―인종(人種)―를 낮게 여겨 짓밟은 거였죠.
한반도에 살던 사람을 "이류 국민"이라며 일본 제국
주의가 일으킨 전쟁터 따위에 마구 데려다 쓰고 죽였
습니다. 나라를 업신여겨 짓밟은 거였죠. 어디 그뿐입
니까. "다른 신 믿느냐"며 돌 던지고 총칼 든 일 잦았
습니다. "같은 성을 사랑하느냐"며 침 뱉고 짐승 보듯
한 일 많았고요. 강아지나 고양이가 싫어 괴롭히다 못
해 끝내 죽이는 일까지 생겨났죠.

지구 곳곳에 온갖 혐오가 넘쳤어요. 뚜렷한 까닭 없
이 총칼 휘두른 일 헤아리다 보면 '사람이 점점 미쳐
가는 것 아닐까' 걱정되고, '이걸 도무지 풀어낼 수 없
을 듯싶어' 괴롭습니다. 이런 세상에서 어찌 더 살아
갈 수 있을지 한걱정이기도 하죠. 누구나 걱정 없이
함께 웃는 삶을 만들어 갈 실마리가 무엇이고, 그 끝

을 어디서 찾아야 할지 몹시 궁금합니다.

특히 여성을 싫어하거나 밉게 여기는 짓이 꾸준해 걱정이 더하죠. 노예나 식민 시민을 짓밟다가 그게 범죄인 걸 깨달아 스스로 멈춘 것과 달리 '여성 혐오'는 21세기에 이르기까지 사그라들 줄 모릅니다. 인터넷 안에서 이름을 숨긴 채 이기죽대고 욕한 것으로 무슨 큰 힘이라도 얻은 양 웃는 자가 있어요. 비겁하게. 그짓으로 자위하며 만족해하는 거죠. 인문학자 임옥희가 <여성 혐오가 어쨌다구?> 55쪽에 짚은 것처럼 "정보가 넘쳐날수록 익명성 속으로 가라앉는 아이러니한 시대"에 "사람들은 자기 존재를 알리기 위해 점점 더 극악스럽게 혐오 강도를 높여" 갑니다. 나중에 그를 붙잡아 "왜 그랬냐고 물으면 '그냥 주목받고 싶어서'라고 대답한다"죠. 입에 담지 못할 욕과 눈에 담지 못할 사진·동영상으로 사람들 눈길 좀 끈 걸로 제 어깨를 추어올린다는 건데요. 같은 책 35쪽에 여성학자 윤보라가 짚은 것처럼 "병리"인 듯합니다. 병리(病理). 병(病). 뭔가 잘못돼 제대로 생각하거나 움직이지 못하는 거. 윤보라는 "기어이 여성을 혐오하도록 만들기 위해 사진을 이어 붙이고, 자르고, 합성하고, 글을 올리는 수고로움을 감수하게 만드는 이 병리성은 무엇"이냐고 물었습니다. "타인의 인정과 관심을 받기 위해 온라인 공간에서 흔히 행해지는 의례라고 여기는 관습적 사고로는, 결코 (여성 혐오) 현상의 본질에 가닿지 못한다"고 봤죠. 네, 쉽지 않을 것 같습니다. 왜 그 지경—병—에 이르렀는지를 두고 온전히 꼼꼼하게 살펴보지도 못했고요. 여러 시민이 함께 알아보고 따져 보며 품고 풀어 낼 일입니다.

한국에서 주로 이삼십 대 남자가 여성 혐오에 앞장서는 건 '취업 따위에서 여성에게 밀렸거나 계속 밀릴 두려움'과 '남자만 군대에 가야 하니 왠지 밑지는 듯한 생각' 때문으로 보는 시각도 있죠. 아직 '온전히 그렇다'고 밝혀진 것 같지는 않되 일리는 있습니다. 특히 취업 따위에서 계속 밀릴 듯한 두려움의 뿌리에는 '여성에게 기댈 수밖에 없는 성(性) 즐거움'이 있다죠. 잘나고 똑똑한 여성이 내가 바라는 성 즐거움을 가득 채워 줄 리 없을 테니 괜히 화가 나고, 성나니 욕하며 미워하는 거예요. 스스로 좀 모자란 걸 느끼던 남자들이 여성 혐오 깊이와 크기를 키워 '가부장제'와 '남자 중심사회'를 짬짜미했습니다. 이 또한 여러 시민이 같이 더듬고 헤아려 깨뜨릴 일이겠죠.

여성학자 임옥희가 <여성 혐오가 어쨌다구?> 80쪽에 말한 '평등'과 '정의'가 눈길을 붙드는군요. "동기와 또래 집단 사이의 혐오, 살의, 폭력, 질투, 선망을 사회적으로 해소할 수 있는 방식이 결국은 사회적 '평등'과 분배적 '정의'"라고 썼죠. "나쁜 감정들을 전환시켜 평등과 정의로 묶어 내고 공평하게 쾌락을 나눠 갖는 것이 폭력과 혐오를 줄이는 방법"이라고 덧붙였습니다. 음. 혐오 타래를 풀 실마리가 보이시나요. 네, 평등과 나눔. 고르고 판판해 누구나 고루 나눠 갖는 삶. 시민이 가진 힘을 스스로 부려 쓰는 세상. 우리 서로 더불어 보듬어 봅시다. 사람 싫어하거나 밉게 보지 않는 것부터 시작하시죠. 여성은 욕하며 짜증을 풀어 낼 물건 같은 게 아니라 세상을 함께 살아갈 벗이니까.

2

떠받칠
거울

메갈리아 워마드

　대학에선 해마다 오월을 축제할 때로 여기죠. 즐거울 만한 날씨와 아름다운 그림이 활짝 펼쳐지는 때인 건 뚜렷한 듯싶습니다. 여러 사람 얼굴에 웃음 넘치기도 하고. 음. 몇몇 남자에겐 흥이 지나쳤을까요. 고려대학교 남자 학생 여럿이 해마다 오월이 되면 이화여자대학교 축제 마당에 떼로 몰려가 행사에 쓸 물건 따위를 망가뜨렸습니다. 장난이자 놀이 삼아 축제 마당을 어지럽힌 거였죠. 한두 번 그런 게 아니라 1985년부터 1996년까지 무려 12년 동안이나. 이화여대 몇몇 학생이 다치기도 했는데 팔이 부러진 사람까지 있었다는군요. 이지원이 <근본없는 페미니즘> 151, 152쪽에 밝힌 바로는 "1993년 고려대 학생들 서너 명에 의해 이화여대 학생 몇 명이 머리채로 끌려가 실신했다. 이들은 자제를 요청하던 이화여대 총학생회장 머리에 막걸리를 쏟아부었다"죠. 특히 1996년엔 "5백여 고려대 학생이 줄다리기 행사 대열로 몰려와 난동을 피웠다. 고려대 학생들은 여자 교수 차 위로 올라가 괴성을 지르고 뛰어대는 기물파손을 서슴지 않았고, 골절상을 입은 이화여대 학생이 속출했다"고 합니다. 그는 이를 "고려대 학생들이 이화여대 학생들에게 가한 12년간의 집단 성폭력 범죄이지, '개와 고대생은 출입금지'라는 푯말을 보며 웃고 지나갈 단순한 해프닝이 아니"라고 짚었습니다. 음. 이화여대 학생들과 이지원 씨의 노여움이 느껴지시나요.

고려대 남자 여럿이 12년 동안 되풀이한 몹쓸 놀이(?)는 성폭력으로 읽혔습니다. 여성을 장난감처럼 여겨 자기네 남자들의 즐거울 놀이로 삼았으니까요. 그리 함께 놀아 보자며 이화여대생이 고려대생을 부른 적 없음에도. 고려대생들이야 "한때 장난이었다" 뿐이겠지만, 실눈 뜨고 조금만 더듬다 보면 일본군이 떼를 지어 성노예를 괴롭히는 모습이 겹칩니다. 1931년부터 1945년까지 만주와 동남아 전쟁터에 여성 성노예를 억지로 끌고 다녔죠. 기원전 750년께 로마 첫 왕 로물루스가 여러 남자와 함께 떼를 지어 이웃한 사비니족 여성을 억지로 빼앗은 짓도 떠오르고요. 모두 같은 마음 뿌리에서 우러난 짓이라고 나는 봅니다.

1986년 유월 6일과 7일 사이 경기도 부천경찰서에서 수사과 경장 문귀동이 학생 노동자 권인숙을 성추행하며 고문한 사건이 벌어졌습니다. 그해 오월 3일 인천에서 노동자와 학생이 힘을 한데 모아 일으킨 민주 항쟁 속 핵심 참가자를 찾는답시고 권인숙을 붙들어 괴롭힌 건데요. 문귀동은 "5·3 사태 관련자를 발가벗겨 책상에 올려 놓으니 다 불더라"는 등 이틀 동안 권인숙을 으르고 협박하며 억지로 몸을 들여다보고 만졌습니다. 끝내는 제 성기를 꺼내 비비며 욕심을 채우기도 했죠.

괴롭고 힘들어 스스로 죽으려고까지 했던 권인숙

은 굳세게 일어섰어요. 문귀동을 고발했습니다. 1980
년 광주 시민 짓밟은 뒤 더러운 권력을 삼킨 전두환
패거리와 그 패거리가 던져 준 떡고물에 정신 못 차린
쓰레기 언론에 꿋꿋하게 맞서 이겼죠. 권인숙이 문귀
동과 쓰레기 언론과 전두환 패거리를 이겨 낸 일은 한
국에서 올바른 민주주의를 이루려 땀 흘린 사람뿐만
아니라 페미니즘에 힘 보태려 애쓴 이에게 큰 힘이 됐
습니다. 도쿄대학교 사회학과 교수 우에노 지즈코는
권인숙에 힘입어 강간을 둘러싼 사람들 인식이 "피해
자의 '치욕'에서 가해자의 '범죄'로" 바뀔 수 있게 준
비됐다고 <위안부를 둘러싼 기억의 정치학> 100쪽에
짚었을 정도죠. 아픔 딛고 일어서 세상을 일깨운 이들
을 기리며 우리 함께 어깨동무해야겠습니다. 문귀동
같은 자가 다시 틈 엿볼 수 없게. 성폭력 범죄 꾀할 수
없도록.

　1992년 유월과 팔월 사이 서울대학교 화학과 교수
신정휴가 실험실 1년 계약직인 우 아무개 조교에게
'성적으로 수치심을 주는 말과 몸짓'을 스무 번 넘게
한 혐의를 샀습니다. 성희롱. 1998년 이월까지 6년쯤

소송이 이어진 끝에 대법원이 신정휴로 하여금 우 조교에게 500만 원을 배상하라고 매조졌죠. 한국에서 '성희롱'을 두고 일어난 첫 법정 다툼이었어요. 신정휴는 우 조교뿐만 아니라 네댓 여성에게도 비슷한 말과 몸짓을 한 것으로 알려져 내내 입길에 올랐습니다.

　세상 사람들 입엔 '서울대 우 조교 사건'으로 더 많이 오르내렸는데 나중에 '서울대 신 교수 성희롱 사건'으로 바로잡혔죠. 2002년 시월 24일 서울대 총장 정운찬이 신 교수 성희롱 사건을 두고, 앙심을 품은 우 조교가 "억울한 사람을 매장한 사건"이고 "우 조교를 지원한 여성 운동이 신중하지 못했다"고 말해 시민의 노여움을 산 일도 있었습니다. 정운찬은 2007년 십이월 제17대 대통령 선거에 나서려다가 주저앉았고, 2009년 구월부터 1년쯤 이명박 정부에서 국무총리를 지냈죠. 서울대 총장이었고, 총리가 됐던 데다 어쩌면 한국 대통령이 될 수도 있었던 자가 '1998년 대법원 판결'을 뒤집어 깔아뭉갠 거였어요. 정운찬이 사건 알맹이를 제대로 알고나 있었는지 모르겠습니다만, 입이 가벼운 건 틀림없을 성싶습니다. 윗자리가 주는 힘에 눌려 당하는 희롱과 추행이 얼마나 더럽고 괴로운 일인지 생각해 본 적 없을 듯도 하고요. 당한 적 없을 테니까.

2000년 사월 23일 김 아무개 씨가, 숨어 살던 집에 찾아온 남편 강 아무개 가슴을 칼로 찔렀습니다. 끊임없는 폭력과 성(性) 괴롭힘을 견디다 못해 '살려고' 칼을 쓴 거였죠. 강 아무개는 1992년부터 7년 넘게 김 씨를 마구잡이로 때리고 칼을 들어 으르고 협박한 일이 잦았답니다. 제 욕심 채우는 성행위를 억지로 시켰고요.

사달 나 강 아무개가 죽은 날에도 김 씨는 짓밟히고 시달리다 못해 되레 칼을 들었다죠. 정당방위로 보였는데 한국 법률은 남자 중심 체계였습니다. '남편 보기에 뭔가 잘못한 아내를 남편이 좀 때릴 수도 있다'거나 '그저 남의 집 일'로 여기는 행태가 고스란했죠. 법을 다루는 사람도 마찬가지였고요. 김 씨에게 징역 3년, 집행유예 5년을 선고하고 말았습니다.

또 다른 김 아무개 씨는 18년 동안 심한 폭력과 성괴롭힘에 시달리다 못해 남편 목을 졸라 죽였죠. 무려

18년 동안이나. 세상엔 더 많은 김 아무개 씨가 있어 남편에게 짓밟히며 성 괴롭힘을 견디느라 몸과 마음이 다 말라 갑니다.

은수영 씨가 쓴 <눈물도 빛을 만나면 반짝인다> 242쪽에 담긴 얘기. "하루는 기절할 때까지 나를 때리고 머리채를 잡고 질질 끌고 다니고, 얼굴을 알아볼 수 없을 정도로 때린 뒤 다음 날 주민등록증 사진을 찍게 한 것을 용서합니다. …(중략)… 내가 감기가 심하게 걸려 계속해서 기침이 나오는데 그 짓거리 하겠다고 내 위에 올라타서는 계속 기침한다고 주먹으로 내 얼굴과 가슴을 내리치던 것을 용서"한다는. 음. 실제로 일어난 일이었어요. 기절할 때까지 수영을 때리고 머리채를 잡아 질질 끌고 다닌 건 아버지였습니다. 직업이 목사였죠. 감기 걸린 은수영 씨 몸에 올라타 한 '그 짓거리'는 강간이었고.

그자는 범죄자였어요. 친딸인 은 씨를 초등학교 5학년 때부터 9년 동안 강간했습니다. 제 맘에 차지 않으면 주먹을 마구 휘둘렀고. 어느 날엔 은 씨를 때리다가 멈추고는 "오늘 수요예배니까 갔다 와서 다시 보자"더니 거듭 짓밟았죠. 잔악한 범죄가 드러났지만 한국 법률은 그자를 7년쯤 감옥에 있게 한 데 그쳤습니다. 9년 동안 초등학생 딸 몸과 마음을 다 짓밟았는데, 7년쯤만.

한국에서 자신을 강간한 아버지를 은수영 씨처럼 고소할 수 있게 된 건 '김보은 김진관 사건' 때로부터입니다. 1992년 일월 김진관이 김보은 씨 의붓아버지를 죽였는데 '정당방위'였는지를 두고 여러 사람 사이에서 많은 이야기가 오갔어요. 판사 문유석도 <판사유감> 88, 89쪽에 "어린 시절부터 살인 이상의 잔인한 영혼 파괴를 반복해 온 의붓아버지를 살해한 김보은 양 사건"을 "정당방위에 의한 무죄가 아닌지를 먼저 고민해야 할 사건"으로 짚었습니다. 청주지방검찰청 충주지청 총무과장이던 의붓아버지 김 아무개는 김보은 씨를 아홉 살 때로부터 스물한 살까지 12년 동안 강간했어요. 이자 또한 범죄자였죠. 재혼한 짝과 의붓딸을 칼로 으르고 협박하며 제 욕심 채웠으니까. 12년 동안이나.

전염병이나 나쁜 일이 나무 줄기처럼 널리 뻗은 걸 두고 "만연(蔓延)하다"고 말하죠. 남자가 여성을 깔보고 마구 대하는, 즉 희롱하거나 추행하며 때리고 강간하는 게 오랫동안 만연했습니다. 여성을 무슨 물건 다루듯 업신여기다 보니 쉬 욕하고 싫어하며 미워하게 된 거예요. 혐오의 바탕이 된 것으로 읽힙니다. 자신보다 똑똑하거나 경제력이 큰 여성이라도 볼라 치면 더욱 참지 못하고 이죽거리거나 빈정댄 거죠. 옳지 않은 짓. 빨리 버리고 숨 제대로 틀 때 됐어요.

판사 문유석이 <판사유감> 96쪽부터 99쪽까지 쓴 '가족이 당신의 지옥이다'에 큰딸 등골 빼먹는 아버지 이야기가 있습니다. 재산을 모두 잃은 사람들 이야기를 법원에서 3년 동안 듣고 다루며 느낀 걸 뭉뚱그린 평균치 같은 건데요. "세상에 울분 토하시는 아버지"가 기획부동산업자 꾐에 넘어간 바람에 큰딸이 적금을 깬 뒤 신용카드 "돌려막기와 카드깡의 길"로 들어서고 "남은 건 빚쟁이 독촉뿐"인 흐름. "대한민국 잘난 사내들이 흰소리를 하며 벌인 큰일의 수습은 대부분 여자들 몫"이어서 엄마와 큰딸이 돈 구하느라 파

출부와 다단계 판매원과 노래방 도우미와 술집 아가씨로 내몰리는 흐름. 아버지는 그 아픔 모른 채 "매일을 술로 지새우고" 가족에게 "발길질하고, 병 깨고, 세간 뒤엎고" 하는 흐름. 기어이 누군가 몸져눕고 말아 큰딸은 "몸 팔아 번 돈으로 살인적인 연체이자나 갚아 가며 희망 없는 삶을 기약 없이 지속하는" 흐름.

문유석은 "이 모든 끔찍함의 배후에는 우리나라 특유의 가부장주의, 남성우월주의가 괴물처럼 도사리고 있다"고 봤습니다. 괴물처럼. "아들은 항상 큰 꿈을 꿔야 하고, 마누라를 휘어잡아야 하고, 사내대장부가 소소한 일에 연연해선 안 되고, 사내놈이 욱하는 심정에 실수할 수도 있는 거고, 남의 집 귀한 딸을 강간해 놓고도 판사에게 탄원서를 내서 한다는 소리가 '젊은 혈기에 실수한 건데 앞날이 구만리 같은 청년을 용서해 주세요'라니" 참으로 어이없다는 거죠. 네, 소가 멍멍 짖겠습니다그려.

한국 사회에 만연한 '괴롭고 아픈 여성 삶'이 보이시나요. 누가 그리 괴롭고 아프게 했는지 헤아릴 수 있겠습니까. 괴롭고 아팠던 여러 여성이 제대로 말하고 움직이기 시작했어요. 귀 기울여야 합니다.

거울 든 메갈리아

메르스(MERS). 중동호흡기중후군. 2015년 오월부터 이듬해 일월까지 8개월 동안 한국을 발칵 뒤집어 놓은 전염병이었습니다. 병이 빠르게 퍼져 깊어지다 보니 죽는 사람이 많아 걱정을 키웠어요. 실제로 186명이 몸져누웠다가 서른여덟 명이나 삶을 끝낸 바람에 많은 사람을 떨게 했죠.

그해 오월 20일. 메르스로 처음 진단된 사람이 여성으로 알려져 큰 소동이 일었습니다. 인터넷에서 '거봐라'는 듯 여성을 손가락질하는 일이 벌어졌죠. 터무니없는 혐오였어요. 한데 아흐레만인 그달 29일 흐름이 뒤집어졌습니다. 메르스 바이러스에 처음 걸린 사람이 여성이 아니라 중동 쪽에 다녀온 예순여덟 살 된 남자였던 것으로 드러났죠. 이때 '거울' 든 여성들이 나타났어요.

미러링(mirroring). 거울로 비추기. 남자가 여성을 싫어하고 미워하며 욕한 그대로. 되돌려 주는 거. "여자는 삼 일에 한 번씩 패야 한다"던 것처럼 해묵은 여성 혐오를 똑같이 인터넷, 그중에서도 디시인사이드 '메르스 갤러리'에 되비쳤죠. "남자들은 삼 일에 한 번씩 때려 줘야 한다"고. 거울 든 여성 여럿이 2015년 팔월 6일 인터넷 공동체 '메갈리아—메르스 더하기 이 갈리아의 딸들'에 모여 목소리를 더욱 키웠고요. 거울과 목소리가 커질수록 그동안 '몇몇 남자가 일삼던 여성 혐오'가 무엇이었는지를 뚜렷하게 드러냈죠.

'일베' 같은 인터넷 사이트에 드나들며 여성 혐오를 일삼던 몇몇 남자에게 '메갈리아'는 그야말로 뒷머리에 얹히는 망치였을 겁니다. 메르스처럼 빠르고 무거운 충격. 고분고분한 '백치미' 인형이나 '김치녀—고급 밝히는 여자'쯤으로 내리누르며 얕봐도 시원치 않을 여성으로부터 되레 '한남충—한국 남자 벌레'라는 손가락질을 받아야 했으니까. 문화평론가이자 페미니스트인 손희정이 <대한민국 넷페미사> 127쪽에 짚은 것처럼 남자들은 "'이 구멍 저 구멍 쑤시고 다닌 좆은 사실 기분 나쁘잖아요' 같은 식의 메갈리안 문학"을 그대로 믿지 않았다죠. "여자일 리가 없어. 분명 남자일 거야"라고 애써 다독였다는 겁니다. 음. 그럴밖에요. 거울에 그대로 비춘 거였으니까. 몇몇 남자가 불현듯 되돌아온 자기 모습과 자기 혐오에 깜짝 놀란 꼴! 김익명을 비롯한 여러 페미니스트가 쓴 <근본없는 페미니즘> 4쪽에도 같은 거울이 있더군요. "솔직히 결혼할 남자는 동정이었음 좋겠다 싶은 것이 솔직한 여우의 마음입니다. 이년 저년 쑤셨을 성기, 찝찝한 게 사실"이라고. 자신과 결혼할 여성이 순결한 처녀였음 좋겠다 싶고, 이놈 저놈 쑤셨을 여성 성기를 찝찝해한 한국 남자에게 되비춘 거울. 이에 화가 난 남자 몇몇이 여성을 향해 더욱 센 욕을 하고, 그 몇몇을 응원하는 남자들이 나타나기도 했지만 이내 시들해졌죠. 제대로 뭉치지 않았거든요. 몇몇 남자가 인터넷에서 작은 영웅심과 객쩍은 용기를 부려 봤으되 정작 경찰서나 법원에서 여성과 맞서야 할 때엔 꼬리를 내리기 일쑤였습니다. 인터넷에서 응원하던 남자들도 언제 그랬냐는 듯 숨죽이고 말았죠. 어떻습니까. 좀 비겁해 보이지 않나요. 그게 더할 것 뺄 것 없는 '한남충' 실체였지 싶습니다.

　메갈리아로 힘을 모은 여러 여성은—2016년 일월 갈라져 나가 '워마드'로 다시 뭉친 이도—오랫동안 쌓이고 쌓인 답답함과 화를 거울로 되비추는 데 머물지 않았습니다. 카메라를 숨긴 채 몰래 여성 몸을 찍는 불법 촬영을 막는 법률을 새로 만들자며 목소리를 높인 데 이어 불법 음란물 사이트 '소라넷'에서 강간을 꾀하던 남자들을 경찰에 알려 공익에 이바지했죠. 한국 경찰과 정부가 16년 동안 손대지 못했던 '소라넷' 뿌리를 뽑은 것도 거울 든 여성 여럿이 꾸준히 움직인 덕이었고요. 김성민이 아무런 잘못 없는 여성에게 혐오 칼 휘두른 2016년 오월엔 강남역 10번 출구로 달려가 노란 쪽지를 함께 붙였습니다. 성범죄 책임을 물을 때 여성과 남자에게 서로 다른, 그러나 남자에게 더 이로운 잣대를 들이대지 말라며 목울대를 돋우기도 했죠. 그뿐인가요. 2015년 칠월 6일 한국성폭력상담소에 1800만 원을 내놓았습니다. 그해 팔월 15일부터 20일까지 엿새 동안 팔찌와 스티커와 물병을 팔아 마련한 500만 원으로 결혼하지 않은 채 엄마가 된 사람들을 돕기도 했죠. 같은 해 십일월 술에 취해 정신을 잃은 여성을 여럿이 강간하려 꾀한 짓뿐만 아니라 더러운 불법 음란물이 바글바글한 '소라넷'을 수사하는 데 힘을 보태려고 1000만 원을 모아 국회의원 진선미에게 주기도 했고요. 누군가 돈이 많아 그리한 게 아니고 메갈리안 여럿이 한 푼 두 푼 뜻을 모은 거였죠. 거울을 손에 든 채 '못된 남자가 욕한 그대로 돌려 주는 데' 매이지 않고 여성 삶을, 아니 한국 사회를 '고르고 판판하게 바꿔 보자'고 말하기 시작한 겁니다. 제대로 움직인 거예요. 공익에 이바지하기도 했고. 여성을 깔보고 욕보이며 키득대거나 자기들끼리 자위하기 일쑤였던 인터넷 안 여러 남자 무리와는 달라도 많이 달랐죠.

워마드, 끝나지 않은 움직임

똥꼬충. 게이(gay)—주로 남자를 사랑하는 동성애자—를 낮잡아 가리킬 때 쓰인 말. 메갈리아 안에서 '똥꼬충'을 쓸지 말지를 두고 여러 생각과 이야기가 오간 끝에 '워마드(WOMAD)—워먼(woman) 더하기

노마드(nomad)'가 나뉘어 떨어졌다죠. 2016년 일월 22일. 인터넷 안 새로운 이야기 터를 찾던 여성 여럿이 모인 '워마드'가 한국 사회에 첫 발자취를 남겼습니다. 메갈리아는 운영 관련 문제로 조금씩 스러졌고.

'워마드' 속 거울은 여전히 튼튼했습니다. 시간이 흐를수록 더 단단해졌죠. 일터에서 남자 상사 커피에 부동액을 타 죽이겠다거나 일본이 한반도를 짓밟았을 때 독립 운동을 한 안중근·윤봉길 의사를 두고 "벤토 다이스케"와 "독립 나치"라고 깔보며 놀려 세상 눈길을 끌었습니다. 남창 몰래카메라와 남자 벗은 몸을 찍은 사진을 퍼뜨린 일도 있었죠. 오스트레일리아 어린이를 성폭행했다는 글(후일 사실이 아닌 것으로 밝혀진 글)이 인터넷에 오르기도 했고요.

이런 글을 보거나 들은 여러 남자가 깜짝들 놀란 모양인데 정작 그 '거울'에 비친 자기 모습을 제대로 들여다본 이는 많지 않았던 성싶습니다. "지나치다"며 두 눈썹 사이 치켜세우며 밉게 보기만 한 남자가 많았는데요. 그 지나침은 사실, 오랫동안 남자가 여성을 마구 짓밟으며 했던 몹쓸 말 몹쓸 짓에서 비롯했다는 걸 제대로 짚지 못한 거죠. 독자 손가락, 즉 광고값 바탕인 인터넷 기사 클릭 수에 목마른 여러 한국 언론이 '왜'를 외면한 채 눈길 낄 얘기를 더 많이 쏟아놓은 탓이기도 하고요.

워마드 움직임은 날로 넓어졌습니다. 인터넷 안에 머무르지 않고 광장에 서기 시작한 거죠. 서울 광화문 마당과 대학로에 모여 외쳤어요. 임신을 중도에 끊는 걸 법 테두리 안에 들여놓자며. 여성 혐오 콘텐츠에 맞서겠다고.

2018년 일월 13일 서울 홍대입구역 둘레에도 사람이 모였죠. 2017년 십이월 21일 충청북도 제천시 하소동 스포츠센터에서 큰불 났을 때 여성만 구하지 않은 듯하다는 의혹을 제기했습니다. 2018년 오월엔 서울 혜화역 둘레가 뜨거웠죠. 그달 1일 홍익대 미술 수업에서 찍힌 '남자 모델 벗은 몸 사진'이 인터넷에 퍼진 일을 두고 경찰이 발빠르게 움직여 안 아무개 씨를 붙잡자 "성차별 편파 수사"였음을 따지고 나무라는 외침이 오월 주말 대학로를 가득 채웠습니다. 수많은 불법 촬영 여성 피해자를 두고 얼굴을 돌리거나 늑장 수사를 벌이기 일쑤였던 경찰인 터라 노여움을 살 만했죠. 대학로 집회는 홍익대 불법 촬영 사건뿐만 아니라 한국 사회에서 일어난 모든 성차별 문제를 꾸짖으며 목소리를 키웠어요. 더욱 큰 목소리로 한국 사회 바탕을 고르고 판판하게 바꿀 열쇠가 되기를 바라겠습니다. 앞으로 겨를 나면 깬 남자도 함께하며 힘 보탤 수 있으리라 생각하고요.

　몰래 찍은 여성 몸 사진이 인터넷에 올라 수많은 남자의 못된 눈길과 입길 아래 놓였던 것처럼 남자 벗은 몸 영상이 되비춰지고는 했습니다. 그걸 본 남자들은 어땠을까요. 발거벗긴 채 되비춰진 남자 모습을 보고 '아, 이런 느낌이구나! 고약해. 그동안 우리가 여성에게 좀 심했던 모양'이라고 반성했을까요. 음. 그리 생각한 남자는 많지 않았던 듯합니다. 되레 욕하거나 이죽거리며 말다툼하려 대드는 이가 여럿이었죠. 그들과 달리 생각하는 수많은 남자는 귀찮다고 여겨 등을 돌렸거나 모르는 척하며 입을 다물고 만 것으로 보입니다. 지금 자기 삶에 크게 거리낄 일 없으니 귀 닫고 어금니 사리무는 게 낫다 싶은 거죠, 뭐. 남자가 굳이 팔 걷고 나서 성차별 없이 고르고 판판한 세상 만들자고 목소리 돋울 까닭이 없다 싶은 거고.

귀 닫고 입 다문 남자는 비겁해요. 정신 차리기 바랍니다. 지금은 거울 들고 나선 여성이 뭘 되비추는지, 왜 그러는지 곰곰 생각해 볼 때죠. 뭔가 기분 나쁜 말을 들은 어린아이가 "반사!"라고 외치는 것 본 적 있습니까. 내게 온 나쁜 말을 반대로 바꿨으니 네 말을 네가 다 가져가라는 뜻이잖아요. 잘못과 책임은 못된 욕과 몸짓을 처음 시작한 사람에게 있는 겁니다. 그동안 몹쓸 짓 했다면 빨리 멈추시길. 2014년 4·16 세월(SEWOL) 참사 때 살붙이를 잃은 이가 음식 끊어 가며 싸우는 곳 옆에서 피자와 통닭을 먹는 짓 같은 거 말입니다. 사람으로서 마땅히 해야 할 도리에 어그러졌어요. 여리고 세력 없어 몸과 마음이 괴롭고 아픈 사람을 짓밟아서야 쓰겠습니까.

그동안 뭐가 옳고 그른지 잘 알았음에도 귀찮아 등 돌렸다면 고개 놀려 귀부터 빨리 열어야 할 겁니다. 세상이 고르고 판판하게 바뀌기 시작했거든요. 새 세상에 함께하려면 뭘 해야겠습니까. 거울을 함께 떠받치는 일부터 시작해 보시기 바랍니다. 음. 되비출 게 없으면 거울도 사라질 거예요. '워마드' 거울 속에 혹시 자기 못난 모습 보이면 그 입부터 빨리 다무시길. 마구 내뱉던 몹쓸 말 몹쓸 몸짓까지 곰곰 생각해 보시고. 거울은 스스로 되돌아보라고 친절히 비춰 주는 거니까.

3

함께할
미투

아이돌 페미니즘과 펜스룰

2018년, 한국 사회는 '미투(MeToo)'로 뜨거웠습니다. 말 그대로는 "나 또한"이나 "나도 그래"라는 뜻인데 실제로는 "나도 성폭력을 당했다"며 씩씩하고 굳세게 내부는 호루라기였어요. '미투' 앞에 해시태그 (#)를 붙여 인터넷 한 마당에 같은 뜻을 모으고 괴로움을 덜어 주며 함께하는 움직임이었죠.

그해 일월 서지현 검사가 검찰청 안 인터넷 사이트에 '나는 소망합니다'라는 글을 올렸습니다. 검사 안태근이 후배 아버지 장례식장에서 자신을 성추행했다고. 티브이 카메라 앞에 서기도 했어요. 오랫동안 아파하다가 검찰 안에서 바로잡고자 용기를 내 밝혔는데 되레 인사 발령 보복까지 당했다지 뭡니까. 죄지은 자에게 책임을 묻는 직업, 하여 스스로를 매우 도덕적이라 여기고는 하는 검사가 후배 몸을 억지로 더듬고 그게 밝혀질 성싶자 앙갚음까지 한 흐름. 하늘 놀라게 하고 땅 뒤흔들었죠.

사람들 크게 놀라고 흔들린 만큼이나 미투가 널리 퍼졌습니다. 빠르게. 곳곳에서 "나도 당했다"는 목소리가 솟았어요. 성희롱과 추행과 강간. 노벨 문학상에 가까이 다가갔던 시인에게. 연극 연출 많이 하던 자로부터. 얼굴 익숙한 배우에게. 그자와 한통속 된 영화감독으로부터. 시민을 위해 일하겠다던 국회의원에게. 대학 총장이 되려던 자로부터. 대학 교수 여럿에게. 수많은 중고등학교 선생으로부터.

삼월엔 김지은 씨가 티브이 카메라 앞에 섰습니다. 대통령이 되려 나서기도 했던 전 충청남도 지사 안희정이 그를 네 차례나 강간했다는 거였죠. 성추행도 잦았고. 깜짝 놀라 벌어진 입 다물지 못한 사람 많았습니다. 오월에 들어섰을 때 양예원 씨도 카메라 앞에서 말했습니다. 시장에 내다 팔 옷 같은 걸 미리 입어 봐 주는 모델 아르바이트로 알고 간 곳에서 스무 명쯤 되는 남자에게 성추행을 당했고 그때 찍힌 사진이 인터넷을 떠돈다고. 나는 벽에 머리를 세게 부딪힌 느낌이었어요. 지위가 높고 낮은 걸 따지고 가려 말할 필요 없이 온갖 남자가 여성보다 힘 좀 있을라 치면 거듭 추행하고 강간한 거였으니까. 욕정을 폭력으로 푸는 짓. 범죄였죠.

"저는 성범죄 피해자입니다." 유튜브에서 이름을 널리 알린 양예원 씨 말. 2018년 오월 15일 카메라 앞에서. 자기를 세상에 다 드러낸 채 무슨 일 겪었는지 밝혔죠.

2015년이었답니다. 이른바 '피팅(fitting) 모델'을 찾는 줄로 알고 간 서울 합정동 한 촬영장에서 성폭력을 당했다지 뭡니까. 피팅. 옷이 사람 몸에 잘 들어맞는지, 겉모습이 좋은지 따위를 살피는 거. 그 일 하러 간

양 씨에게 "포르노에 나올 법한, 성기가 다 보이는 속옷"이 주어졌다는군요.

포르노에 나올 법한 속옷 때문에 양 씨는 '뭔가 잘못됐다'고 느꼈겠죠. 이상하니 그 옷을 받아 입지 않으려 했답니다. "이게 뭐냐, 난 이런 거 싫다, 안 할 거"라고 말했고요. 한데 양 씨를 촬영장에 꾄 것으로 알려진 '실장'으로부터 "손해배상 청구할 거다. 고소할 거다. 아는 피디, 감독들에게 다 말해서 너 (배우로) 데뷔도 못하게 만들어 버릴 거"라는 소리를 들었다는군요. 촬영장 실장이 그리 말했다면, 양 씨를 으르고 협박해 포르노에 나올 법한 속옷을 입게 한 것으로 풀이됩니다. 갑을이나 위아래 관계 같은 뒷배와 힘에 기대어 양 씨를 억누른 거죠. 그만큼 촬영장 실장이 짊어져야 할 책임이 커질 걸로 보였는데 2018년 칠월 9일 그가 갑자기 스스로 목숨을 끊고 말았어요. 삶을 버리다니… 참으로 안타까운 일입니다.

포르노에 나올 법한 속옷을 억지로 입은 양예원 씨는 카메라를 든 남자 스무 명쯤에게 둘러싸였다는군요. 그들은 "사진을 찍으면서 한 명씩 (양 씨에게) 포즈를 요청"했다죠. "그리고 (사진에 잘 찍힐) 포즈를 잡아 주겠다면서 다가와, 여러 사람이 번갈아 가며 가슴과 성기를 만졌다"고 양 씨는 말했습니다. "너무 무서웠다"고 덧붙였고.

흐름이 그랬다면 이건 성추행입니다. 추행(醜行). 더럽고 지저분한 짓. 강간이나 그와 비슷한 짓으로 여겨지는 범죄죠.

일본에서도 안타까운 일이 있었습니다. 성인 영화배우 고자이 사키 씨 이야기인데요. 그가 2016년 시월 아에프페(AFP) 통신에 털어놓아 세상을 놀라게 했죠. 고자이 씨는 스물네 살이던 2010년, 도쿄에서 이른바 '길거리 캐스팅'이 됐답니다. "같이 일하자"는 말을 듣고는 뮤직비디오에 출연하는 모델이 될 걸로 알았다죠. 한데 촬영장에 처음 간 날 스무 명쯤 되는 제작진에 둘러싸여 억눌린 채 포르노 영화를 찍게 됐다는군요.

"나는 옷을 벗을 수 없었다. 내가 할 수 있는 건 우는 것밖에 없었다"고 고자이 씨는 그날을 기억했죠.

스무 명 남짓 되는 사람들이 포르노 피사체가 될 자신을 기다리는 분위기에 그는 억눌린 듯싶습니다. "어떤 여자도 (스무 명쯤에게) 둘러싸여 있으면 '안 돼'라고 말하지 못할 것"이라고 말했더군요. "밖으로 뛰쳐나가고 싶었지만 출구가 보이지 않았"답니다. 그날 그가 어떤 두려움에 얼마나 짓눌렸을지 눈에 선하네요. 고자이 사키는 6년 동안 더 시달린 뒤 서른 살이 되어서야 포르노 영화판에서 빠져나왔습니다. 포르노 영화판 발목 쇠사슬이 크고 무거운 나머지 겨우 빠듯하게 빠져나올 수 있었다죠. 아직 쇠사슬 벗지 못한 여성이 많고요.

2016년 일본에선 가수나 스타로 만들어 주겠다는 꾐에 속아 억지로 성인·포르노 영화를 찍게 된 여성들 이야기로 들끓었습니다. 한 연예 기획사 사장과 직원 두 명이 배우를 막되고 너저분한 성인 영화 100여 편에 출연하게 억지로 내몬 혐의를 사 경찰에 붙들린 일마저 있었다죠. 음. 일본에선 성인·포르노 영화가 한 해에 3만 편이나 쏟아진다는군요. 무려 3만 편. 그 안 수많은 여성이 겪었을 괴로움과 아픔. 가슴이 내려

앉습니다.

돈과 포르노가 빚은 참사

꽉 막힌 방. 손에 카메라를 든 남자 스무 명 남짓. 양예원 씨는 홀로. 포르노에 나올 법한 속옷 입은 채. 음. 양 씨 몸을 죽 더듬는 남자들 눈길이 지금도 느껴지는 듯합니다. 엉큼하다 못해 눈에 핏발마저 섰을 성싶네요. 마른침 삼켜 가며.

창문 하나 열려 있지 않아 더 두려웠을 곳. "시키는 대로 하지 않으면 (여기서) 강간을 당해도 아무도 모르겠구나. 죽을 수도 있겠구나" 싶어 잔뜩 움츠러들었을 양예원 씨. 왜 이런 일이 벌어졌을까요. 누가 그리 만들었을까요.

돈이 될 그림. 그중에서도 사진이나 동영상 같은 거. 특히 발가벗거나 조금 가린 듯 만 듯한 여성 몸 찍은 것으로. 이런 걸 누가 찾나요. 그런 그림을 누가 들여다보려 합니까. 음. 남자들이죠. 누구나 다 그렇진 않겠습니다만 주로 남자가 여성 몸 찍은 그림 찾아 인터넷을 훑으며 웃습니다. 마른침 삼켜 가며. 주머니에서 돈 꺼내 들게 마련이고.

남자 마음대로 여성을 내리눌러 성욕 채운 시간이 길었던 탓에 이런 흐름이 세상에 굳었습니다. 딱딱하게. 너무 오랫동안 남자를 세상 한가운데, 즉 중심에 세워 둔 탓이죠. 중세 봉건 사회로부터 아버지가 가족을 지배하는 게 마땅하다고 여긴 것 말예요. 아버지 힘이 센 만큼 아들(이자 나중에 또 다른 아버지가 될 남자)가 기를 뻗친 시절이 거듭된 끝에 남자 마음에 들 여성 몸 찍고, 남자 성욕에 넉넉할 여성 몸짓 그려 돈 내놓으라 꾀는 요즈음에 이른 거죠.

남자 눈과 마음에 맞춘 인터넷 그림 세상은 생각보다 더 단단합니다. 인터넷에서 따로 돈을 치르지 않더라도 '남자 성욕 채울 그림'을 보여 줄 만큼 바탕을 다졌죠. 그런 그림 가득 모아 둔 사이트를 찾아가 그저 들여다봐 주는 것으로도 남자에겐 모자람이 없습니다. 사이트에 그런 남자 들끓으면 돈이 생기니까요. 사이트에 광고 같은 걸 얽어 상품 더 팔고픈 기업이 돈을 내주는 짜임새죠.

짜임새는 날로 나빠집니다. 남자의 눈과 마음을 건드려 꾀기 위해 더욱더 몹쓸 그림으로 사이트가 채워지기 때문인데요. 마지막에 가서는 거칠고 잡스러운 포르노를 일상생활 속 보통 여성에게 억지로 덮어씌우기에 이르렀죠. 지하철 화장실 벽에 구멍을 뚫어 몰래 범죄 카메라를 들이미는가 하면 술에 취해 정신을 잃은 여성 몸 사진을 사회관계망사이트(SNS)에 올리며 함께 강간할 남자들을 모은 일까지 일어났습니다. 제 욕심 채우던 남자는 여성에게 "그리 몰래 찍고 강간해도 좋겠느냐"고 물어보지도 않았죠. 오로지 제 성욕 채우려 여성을, 제 동생이나 누나 같은 사람을 물건 다루듯 한 겁니다. 가수 승리와 정준영, 최종훈 등이 여성의 신체 등을 몰래 찍어 에스엔에스에 올린 뒤 마구 찧고 까분 짓처럼. 마구 짓밟은 것.

양예원 씨 사건은 판판한 이차원 포르노에 만족하지 못한 남자들이 짠 '삼차원 성욕 채우기 모임'으로 풀이될 수 있겠습니다. 포르노 영화에서나 보던 여성 몸을 자기 눈앞에 두고 가끔 만져 보려는 욕정 스무 개쯤이 뭉친 결과라 하겠죠. 그들은 이를 '비공개 촬영회'라고 일컫더군요. 비공개. 남에게 알리거나 보이지 않겠다는 뜻. 포르노에나 나올 법한 속옷 입은 양예원 씨를 남자 스무 명 남짓이 둘러싼 채 찍은 사진을 자신들만 간직하겠다는 얘기. 한데 약속과 달리 양 씨 사진은 3년여 만에 인터넷을 떠돌았습니다. 누구나 볼 수 있게 됐다는군요.

서울지방경찰청은 이런 흐름을 '비공개 촬영회에서 이뤄진 강압적 사진 촬영과 유포'로 풀어냈습니다. 강압(强壓). 강한 힘이나 권력으로 억누른 거예요. 경찰은 양 씨의 사진을 찍으며 이뤄진 성추행도 돋우어 봤죠. 비공개 촬영회를 "'일반인 음란 사진에 대한 수요'와 '이익창출'이라는 목적이 맞물려 발생한 성범죄"라고 짚었고요. 성범죄. 강간이나 추행 따위 성에 관련된 범죄. 저지른 잘못에 걸맞은 짐을 져야 마땅합니다. 양예원 씨를 성추행한 사건에 얽혀 범죄 사실이 있는 것으로 여겨져 조사를 받은 사람은 모두 일곱. 스스로 목숨을 끊은 촬영장 실장을 뺀 여섯은 앞으로 죗값 치르며 깊이 뉘우쳐야 하겠습니다.

경찰에 따르면 이른바 '비공개 촬영회'를 꾸린 남자들은 양예원 씨처럼 배우나 모델이 되고픈 이십 대 여성에게 보통 촬영으로 착각하게 한 뒤 계약 위반 따위를 구실로 삼아 점점 몸 드러내는 정도를 높여 갔답니다. 억지로. 포르노에 좀 더 가깝게 여성 몸 드러내게 해 가며 제 욕심 채운 거죠. 양예원 씨에게 사진 잘 찍힐 자세를 잡아 주겠다는 핑계로 다가가 가슴과 성기를 만지기도 했다지 않습니까. 음. 포르노에서 튀어나온 물건처럼 취급된 양예원 씨는 비참하고 끔찍한 일을 겪었습니다. 참사(慘事). 양 씨처럼 배우나 모델이 되고픈 이십 대 여성 누구나 '비공개 촬영회'에서 끔찍한 일을 당할 수 있습니다. 여성을 사람 아닌 제 몹쓸 성욕 채울 물건으로 여기는 남자들 있는 한.

힘내라, 수지

카메라 앞에 선 양예원 씨 말과 눈물에 많은 사람이 놀라고 화났습니다. 2018년 오월 17일부터 유월 16일까지 한 달 동안 이뤄진 사건 관련 청와대 국민 청원에 시민 20만1590명이 뜻을 함께한 까닭이었죠.

'합정(동) 불법 누드 촬영 수사 및 진상 규명' 청원이었는데요. 청와대 뉴미디어비서관 정혜승은 이를 "피팅 모델을 협박해 불법 촬영을 하고 촬영물을 유포한 사건"으로 짚었습니다. 그는 "엄정한 수사를 요구하는 관련 청원"이라며 그때 경찰청장이던 이철성의 답변을 이끌어 냈는데요. 이철성은 "피고소인 두 명에 대해 출국 금지 조치"하고 "스튜디오, 자택 등에 대해 압수 수색"했다고 말했죠. "(양예원 씨를 비롯한) 피해자 불법 촬영물이 인터넷에 유포되고 있어 차단 조치를 지속"하고 "방심위(방송통신심의위원회)와 협력해 해외에 서버를 두고 일반인 몰카를 유포하는 사이트에 대한 대응을 대폭 강화하겠다"고 덧붙였고요. 경찰이 그리 움직인 건 관련자가 범죄를 저질렀을 수 있다고 봤기 때문이죠. 범, 죄.

2018년 유월 경찰은 양예원 씨 미투를 비롯한 9개 '비공개 촬영회 성폭력 피해 사건'과 얽힌 마흔세 명을 입건했습니다. 입건(立件). 범죄를 저질렀을 수 있다고 보고 수사를 시작한다는 뜻. 사진을 인터넷에 퍼뜨린 자, 그리하도록 돕거나 놓아둔 자, 사진 찍은 자,

비공개 촬영회를 꾸린 자, 비공개 촬영회에 참여할 사람을 모은 자 들을 경찰이 톺아봤어요. 특히 시민 20만1590명이 경찰 수사를 바란 데 눈길이 모였습니다. 서울 합정동 촬영장에서 무슨 일 벌어졌는지 밝혀 달라는 거였죠. 청와대와 경찰이 시민 뜻에 맞춰 대답했고요. 흐름이 그랬다면 '양예원 씨 비공개 촬영회'를 아무 탈 없는 모임으로 보기 어렵겠습니다그려. 보통 사람 누구나 쉬 알 만한 일로 보입니다.

음. 가수이자 배우인 수지 아시나요. 워낙 널리 알려진 사람이라 그가 누구인지 모르더라도 인터넷에서 쉬 찾아볼 수 있을 겁니다. 수지도 시민 20만1590명 가운데 하나였죠. 2018년 오월 17일 양예원 씨 미투에 따른 수사와 진상 규명 청원이 청와대 홈페이지에서 시작된 뒤 하루 만인 18일 새벽 수지가 뜻을 같이했습니다. 여러 시민처럼 양예원 씨 미투에 안타까운 마음을 담아 함께한 거였죠. 한데 우습게도 이야기가 뒤틀렸어요. 몇몇 누리꾼이 청와대 국민 청원에 힘을 보탠 수지를 몰아친 겁니다. 섣불렀다고. 경찰이 조사하는 사건을 두고 결론이 나지 않았는데 양예원 씨 주장에만 귀 기울여 두둔했다는 거였죠. 수지를 좋아하는 사람이 워낙 많다 보니 청와대 국민 청원 수를 빠르게 늘리는 바탕이었다는 주장이기도 했는데요. 거참, 갸우뚱. 수지는 입 다물고 '그저 예쁜 모습만 내보이며' 살아야 한다는 겁니까. 그대로 다 받아들이기 어려운 주장인 성싶네요.

수지도 시민입니다. 한국에 함께 사는 사람으로서 다른 시민이 아프다 하니 마음을 같이했을 뿐이에요. "용기 있는 고백에 힘을 보태 주고 싶었다"지 않습니까. "몰카, 불법 사진 유출에 대한 수사가 좀 더 강하게 이루어졌으면 좋겠다는 (청와대 국민) 청원이 있다는 (인터넷) 댓글을 보고 사이트에 가서 동의했다"죠. "더 많은 사람의 관심을 통해 좀 더 정확한 해결 방안이 나왔으면 하는 마음에서 (양예원 씨 미투와 국민 청원이) 저렇게 (그냥) 지나가게는 두고 싶지 않았다"더군요. 이건 한국 시민 누구나 마땅히 할 수 있는 일입니다. 자유로이 하고픈 말 하는 것 말예요.

수지가 워낙 널리 알려진 가수이자 배우여서 그가 말하고 움직이는 대로 따라오는 사람 많더라도 달라질 건 없습니다. 참으로 안타까운 일이 벌어졌으니 마음 담아 보살피며 함께하자고 '수지가' 그 누구에게나 말할 수 있는 것이니까요. 얼마든지. 2017년 시월 영화배우 알리사 밀라노가 트윗(tweet)으로 시작한 성폭력 알림 운동인 '해시태그 미투(#MeToo)'가 세계 곳곳에 퍼졌는데 "워낙 널리 알려진 밀라노 때문에 '미투'에 참여한 사람이 크게 늘었으니 본디 뜻을 더럽혔다"고 말할 수 있나요. 할리우드 영화 제작자 하비 와인스틴이 30년 동안이나 여러 배우를 희롱하고 짓누른 끝에 '미투'가 일어났는데 "와인스틴 쪽 얘기를 들어 보지 않은 채 '나도 당했다(MeToo)'는 사람에게 따뜻한 마음 건네면 섣부른 것"입니까. 애슐리 주드나 리즈 위더스푼 같은 배우가 '미투'에 함께하기도 했는데 "수지처럼 섣불렀다"고 말할 수 있나요.

 아니죠. 네, 아닙니다. 부끄럽고 두려워 꼭꼭 감춰 뒀던 걸 있는 그대로 숨김없이 말한 씩씩함에 박수를 쳐야 마땅해요. 아픈 일 겪은 이가 '그 얼마나 아팠을까' 헤아려 보는 거. 마음 다해 어깨 토닥이려 애쓰는 게 가장 먼저 할 일 아닐까요. "힘내라"고 마음 보태 주는 거. 앞으로 그런 일 다시 일어나지 않게 내 삶 둘레를 잘 살피겠다고 다짐하는 게 두 번째로 할 일이겠고요. 깬 시민은 그렇습니다. 다른 사람 아픔에 마음 보탤 줄 알죠.

못내 안타까운 것도 있습니다. 수지가 주춤거렸기 때문인데요. 몇몇 누리꾼이 자신을 두고 "페미니스트냐"고 몰아치자 구박당하거나 그리 내몰릴 일 아니었음에도 스스로 물러섰죠. "그분이 여자여서가 아니다. 페미니즘의 문제가 아니다. 사람 대 사람으로 끼어들었다. 휴머니즘에 대한 나의 섣부른 끼어듦이었다"며.

이게 대체 무슨 뜻일까요. 쉬 알아들을 만한 듯 아닌 듯 어지럽습니다. 음. 곰곰 되새기자니 "그분이 여자여서가 아니다"는 건 양예원 씨가 자신과 같은 여성이어서 덮어놓고 편든 게 아니라는 뜻쯤으로 풀릴 성싶네요. 한 사람이 아파하니 자기도 그렇다고 느끼며 그의 아픔을 조금이라도 덜어 주고픈 마음이었을 테니 굳이 여성과 남자를 가를 일이 아니었던 거죠. 한데 "페미니즘의 문제가 아니다"로부터 갈피가 쉬 잡히지 않습니다. "여자여서가 아니다"에 곧바로 "페미니즘 문제가 아니다"라고 잇댄 것에도 고개가 자꾸 갸울어지는데 "사람 대 사람으로 끼어들었다"와 "휴머니즘에 대한 나의 섣부른 끼어듦이었다"로 이어졌으니 거참.

수지 말에 쓰인 '여자'와 '페미니즘'과 '사람'과 '휴머니즘'이 모래 낱알처럼 이리저리 흩어진 느낌입니다. '여자'여서가 아니고 '페미니즘' 문제도 아니며, 다만 '사람'이어서 끼어들었는데 글쎄 그게 또 '휴머니즘'엔 섣불렀다 했죠. 낱말 넷이 본디 그리 멀찍이 서로 동떨어져 쓰이는 말이던가요.

음. 아무래도 수지가 조금 놀란 듯합니다. 몇몇 누리꾼이 '페미니스트인 게 무슨 문제인 양' 몰아치자 그게 앞날 삶에 굴레라도 될 듯 여겨 다급히 말하다 보니 조금 꼬였겠죠. 아마도. 그랬으리라 믿고 싶긴 합니다만 안쓰럽기 그지없네요. '사람 대 사람'으로 끼어든 마음에 어찌 휴머니즘이 섣부르겠습니까. 사람 사랑하는 마음이 고스란한데 말이죠. 그리 따뜻한 마음에 어찌 페미니즘이 거북하겠습니까.

아니죠. 네, 아닙니다. 섣부르다거나 거북할 일 없

죠. 사람을 고르고 판판히 바라보며 품는 따뜻한 마음
이 휴머니즘이요, 똑같은 생각과 사랑이 페미니즘에
도 닿는 거니까. 자연스럽게. 둘을 낱알처럼 부수거나
서로 멀찍이 떨어뜨릴 일이 아니에요. 이른바 '인기
(人氣)를 먹고 산다'는 연예인 삶에 얽힌 어려움을 온
전히 알지 못해 쉬 말하기 어렵긴 합니다만, "나는 페
미니스트"라고 또렷이 말하는 수지를 기다립니다. '사
람 대 사람으로 끼어드는 마음'으로 여러 사람과 사람
사이에 좀 더 깊이 끼어들 수 있게 페미니즘이 무엇인
지 잘 알아보시길. 음. "수지 씨, 힘내세요."

설현과 손나은과 아이린이 뭘 어쨌기에

"불편함보다 견디기 힘든 것은 생리통이었다. 언니
에게 들어서 각오는 하고 있었지만 둘째 날이면 생리
양도 엄청난 데다 가슴과 허리와 아랫배와 골반과 엉
덩이와 허벅지까지 부어오른 듯 뻐근하고 당기고 쑤
시고 뒤틀렸다."

조남주 소설 <82년생 김지영> 62쪽에 담긴 이야기.

내 마음을 크게 흔들었습니다. 몸이 좀 찌뿌드드하고 괴롭다더라쯤으로 짚었을 뿐 얼마나 아프고 무거운지 몰랐거든요. 어디선가 가끔 읽거나 듣긴 했으되 온전히 느낄 수 없었죠. 남자여서.

"가슴과 허리와 아랫배와 골반과 엉덩이와 허벅지까지 부어오른 듯 뻐근하고 당기고 쑤시고 뒤틀렸다"니… 깜짝 놀랐습니다. 거의 온몸이 사납고 험하게 비틀어진다는 건데. 더구나 다달이. 나는 그 아픔을 끝내 제대로 가늠할 수 없겠지만 <82년생 김지영> 덕분에 좀 더 쓰라린 걸 느껴요. 대충 짚던 때보다 가슴이 더욱 쓰리고 아린 거죠. 오십 년쯤 살며 몇몇 여성이 내게 보인 짜증을 '두통' 비슷한 것으로 얕잡아 본 여러 날 때문에 미안하고. 좀 더 마음 쓰지 못한 채 되레 짜증을 두세 배로 늘리곤 했던 터라 새삼 낯부끄럽습니다.

<82년생 김지영>은 그렇더군요. 남자가 몰랐던 여성의 아픔. 남자 중심 사회에 부대끼고 억눌린 끝에 터져 나온 목소리. '우린 그동안 많이 아팠고 지금도 아프다'는 이야기. "나 원래 첫 손님으로 여자 안 태

우는데, 딱 보니까 면접 가는 거 같아서 태워 준 거야(같은 책 100쪽)"라는 택시 운전사에게 '반말하지 말라'는 치솟음. "넌 그냥 얌전히 있다 시집이나 가"라는 김지영 씨 아버지에게 "당신은 지금 때가 어느 땐데 그런 고리타분한 소릴 하고 있어? 지영아, 너 얌전히 있지 마! 나대! 막 나대! 알았지(같은 책 105쪽)?"라는 어머니 말씀.

누군가 "아프다" 하면, 우리는 그가 왜 얼마나 아픈지 곰곰 짚어 보며 함께 아파하고는 합니다. 많은 사람이 그렇죠. 공감(共感). 함께 느끼는 거. 같거나 비슷한 일로 내가 이미 아파 봤거나 언제든 괴로울 수 있다는 걸 알기에 자연스레 느낌이 건너오는 거죠. 아픈 사람 감싸고 그 사람 옆에 나란히 서 주는 마음 씀씀이 말예요.

누군가 "억눌려 있다" 해도 마찬가지. 짓눌려 꼼짝 못 하는 이에게 눈길 주고 가슴에 품는 게 깬 시민이죠. 아니, 사람이라면 누구나 갖는 보통 마음이 그렇습니다. 다달이 가슴과 허리와 아랫배와 골반과 엉덩이와 허벅지까지 뒤틀리는 게 얼마나 아픈지 제대로 알 수 없어 미안해하고 걱정하는 거. 그리 함께 느끼고 생각해 볼 겨를을 열어 준 <82년생 김지영>은 반가운 책입니다. 많은 이에게 오래 사랑받는 까닭이겠죠.

2018년 삼월 18일 서울 삼성동 코엑스 아티움. 대중가요 그룹 레드벨벳이 팬과 만난 자리. 한 팬이 레드벨벳 가운데 하나인 아이린에게 '요즘 어떤 책을 읽었는지'를 물었습니다. 아이린은 "82년생…, 그거 읽었고, <별일 아닌 것들로 별일이 됐던 어느 밤>도 읽었다"고 대답했어요.

그날 그 자리에선 별일 없었습니다. 시민과 가수가 따로 모여 뭘 묻고 대답하는 일이야 흔하니까. 한데 몇몇 누리꾼이 '아이린 페미니스트 선언!' 같은 동영상을 인터넷에 올린 뒤 흐름이 뒤틀렸죠. <82년생 김지영>을 읽은 걸 두고 "나는 페미니스트다"라고 널리 말하기라도 한 것처럼 여겼더군요. 이 엉뚱한 알림 때문에 아이린을 헐뜯는 댓글이 잇따랐고, 그의 얼굴 사진이 담긴 카드를 찢은 뒤 인터넷에 올려 이른바 '인증'하는 일까지 벌어졌죠. 책을 읽었다고 말했을 뿐인데 얼굴 사진을 찢다니 '이건 좀 심하다' 싶습니다. "그거 읽었다"는 얘기를 두고 '페미니스트 선언!'으로 훌쩍 뛰어넘는 건 또 웬 어깃장일까요. 아이린이 <82년생 김지영>을 읽은 뒤 느낀 점을 두고 뭐라 말하지도 않았는데 말이죠.

2019년 시월 23일 영화 <82년생 김지영>이 개봉했습니다. 영화는 눈과 귀와 가슴에 쉬 닿는 간접 경험 매체죠. 소설과는 좀 다른 결로 사람 마음을 흔들더군요. 영화관 안 여기저기서 작은 한숨 소리 들리더니 기어이 훌쩍이는 분 많았습니다. 영화를 본 이가 367만 명을 훌쩍 넘긴 걸 보면 비슷한 느낌을 가슴에 담고 영화관을 나선 이가 많았다는 얘기겠죠. 한데 영화가 개봉하지도 않았을 때 영화를 보지도 않은 채 '10점 만점에 1점도 되지 않는다'며 이른바 '평점 테러'를 벌인 남자가 많았습니다. 영화가 개봉한 뒤에도 남자 쪽 평균 평점이 1.91점에 지나지 않았죠. 여성 평균 평점은 9.48점이었고. 음. 한숨 절로 길어집니다. 어찌 그리 평점 차이가 컸을까요. 특히 영화를 보지도 않고 어깃장부터 놓다니. 참으로 상식 밖이네요.

2018년 오월 또 다른 대중가요 그룹 에이오에이의 설현에겐 더욱 터무니없는 일이 벌어졌습니다. 그가 인터넷 사회관계망사이트(SNS)에서 가수 아이유, 배우 유아인, 방송인 유병재와 관계를 멀리한 게 알려진 뒤 "설현이 페미니스트인 것 같다"는 얘기가 돈 건데요. 아이유는 어린이에게 애욕(愛慾)—성(性) 욕심으로 탐함—을 품은 듯한 모습과 내용을 음반 뮤직비디오에 담는 허물이 드러났죠. 유아인은 한 누리꾼에게 "애호박으로 맞아 봤음? (코 찡긋)"이라는 인터넷 답글을 단 것을 시작으로 여러 여성과 말다툼을 벌였고요. 유병재도 코메디쇼 'B의 농담'에서 페미니즘을 비웃거나 깔보며 놀린 것으로 알려져 여러 누리꾼 손가락 끝에 섰습니다. 설현이 이들과 관계를 멀리했으니 페미니스트와 가까워진 것 아니냐는 얘기였죠. 특히 페미니즘에 힘을 보태고는 한다는 대중가요 그룹 에프엑스의 루나와는 에스엔에스 관계가 가까워졌더라고 짚기까지 했어요. 음. 설현 사회관계망 페이지에 찾아가 그리 바뀐 걸 하나하나 다 살핀 것 아니겠습니까. 거참 대단합니다.

한데 설현에겐 에스엔에스로 가깝게 지낼 사람과

멀리할 이를 골라 뽑을 자유가 없나요. 아니, 있죠. 얼마든지. 자기 생각에 따라 사람 걸러내거나 더할 수 있습니다.

설현은 양예원 씨 미투에 힘을 보태기도 했는데요. 특히 "평소 여러 사회적인 이슈에 대해 관심이 많았고 여러 의견을 들으려 노력하고 있다. 그러다 보니 자연스럽게 그쪽(여성 관련 사회 문제)에 대한 관심이 생기지 않았나 생각한다"고 말했습니다. 설현에게 손뼉. 엄지도 척. 그가 더욱 단단히 생각하고 느끼는 페미니스트가 되길 나는 바랍니다.

설현 말과 움직임에 "실망했다"는 남자가 있더군요. 여럿이었습니다. 또 다른 대중가요 그룹 에이핑크의 손나은이 스마트폰 뒷면에 '여성은 뭐든 할 수 있어─걸스 캔 두 애니띵(Girls Can Do Anything)'이라는 말을 붙인 걸 두고 "페미니스트 선언을 한 게 아니냐"고 몰아친 것도 매한가지. '페미니즘'이나 '페미니스트'라는 낱말에 겁부터 집어먹거나 덮어놓고 멀찍이 밀어내고는 하는 남자가 많죠. 심지어 욕까지. 대체 왜 그럴까요. 까닭이 무엇인지 자못 궁금합니다.

'아이돌. 늘 예쁘고 귀여운 여자아이. 꿈속에서 꺼 낸 것처럼. 섹시한 몸짓도 잦고. 티브이에 나와 음식 도 맛있게 참 잘 먹는. 많이 먹지만 몸매가 날씬한.' 설 마 이런 게 당신 생각? 음. 환상이죠. 환상(幻想). 헛된 것 말입니다. 내 보기엔 남자들이 눈 가늘게 뜬 채 그 려 낸 '환상적인 아이돌 틀'이 설현과 아이린과 손나은 같은 사람 때문에 혹시라도 깨질까 두려워하는 성싶습 니다. 백치미. 지능이 낮은 듯하고 순진한 얼굴. 오로지 그것만 바랐는데 뭔가 달리 생각하는 듯싶은 아이돌이 나타나자 깜짝 놀란 거죠. 좀 더 깊이 짚어 보자면 앞으 로 귀찮아질 게 두려운 거고. 여성 꼬드기는 데 수고로 움이 더할 테니까. '머리 빈 인형 같은 설현과 아이린과 손나은이면 넉넉할 텐데 싶은' 것으로 보이네요.

남자는 오랫동안 여성 몸을 마름질했습니다. 제멋 대로. 눈에 쌍꺼풀 더하고 코 높인 뒤 턱 깎아 가며. 깜짝깜짝 놀랐죠. 한동안 보이지 않던 배우나 가수가 어디서 본 듯한 눈과 코와 턱을 한 채 티브이에 다시 나와 다른 누군가와 비슷해진 얼굴로 웃고는 하니까. 그 모습을 거울에 비친 자기로 여겨 거듭 똑같아지려 애쓰는 사람도 많으니 이러다 한국 여성 얼굴이 다 거의 같아지지나 않을지 한걱정입니다. 특히 몇몇 코는 컴퓨터 자판 '컨트롤(Ctrl) 시(C)'와 '컨트롤 브이(V)'를 잇따라 누른 듯 비슷비슷하죠. 참으로 안쓰럽네요. 그리 만들어진 모습이 대개는 남자 눈길과 마음에 맞춘 결과로 풀이되기 때문. 열에 여덟아홉쯤 되는 남자 영화감독과 프로듀서와 음반 제작자 뜻에 맞춰 열에 여덟아홉쯤 되는 남자 성형외과 의사가 여성 아이돌의 얼굴이나 몸에 칼을 대고는 한다니까. 남자를 위한 여성 몸 바꾸기 틀. 오래전부터 여성 몸을 남자 마음에 맞춰 건드리며 바꿔 왔기에. 그 끝에 아이돌 있고.

아이돌 몸 안 플라스틱 때문에 살 썩거나 실리콘 같은 게 녹아내리기 전에 서둘러 생각해 볼 게 있습니다. 남자다운 당신이 보기에 '페미니즘 생채기가 난 듯한 아이돌'은 본디 사람이라는 거. 생각하고 말하며 사회를 이뤄 함께 사는 사람. 당신처럼 한국에서 태어나 자란 사람.

남자다운 당신 눈길과 마음으로부터 '환상적인 아

이돌 틀'을 걷어 내길 바랍니다. 당신 스스로를 소중히 여기듯 세상 모든 여성과 마주하길 바라고.

한국 여성 아이돌은 그동안 고르고 판판한 성(性) 평등 세상을 깨뜨리는 표지로 여겨졌습니다. 한국이 남자 중심 사회라는 걸 내보이는 본보기였어요. 여성이 좋아할 만한 남자 아이돌도 제법 있다지만 단단한 남성 지배력을 깨뜨릴 정도는 아니죠. 착한 나머지 마음에 꾸밈이 없는 얼굴인 데다 말랐으되 젖가슴은 크고 개미허리 덕에 엉덩이가 도드라지는 환상 틀. 플라스틱 넣고 뼈 깎은 뒤 실리콘 채워 만든 겉모습. 오직 그것만 보려는 당신 눈길과 마음이 오로지 그렇게만 보이려는 여성 아이돌을 꾸준히 빚는 거죠.

<82년생 김지영> 같은 책 읽거나 영화를 보면 느낄 수 있을 겁니다. '세상이 참 모질게 기울었구나' 하고. '여성이 참 힘들었겠네, 이제 반성하고 바꿀 때 됐다'고 생각할 수 있겠죠. 아이린과 설현처럼 책 읽고 생각하는 아이돌도 그럴 테고요. '생각 없는 인형' 같은 자신을 되돌아보고 바꾸기 시작할 겁니다. 조금씩 더

바뀔 때마다 다른 사람을 고르고 판판히 마주하는 힘도 늘겠죠. 남자다운 걸 자랑스러워하는 이에겐 '재미없고 껄끄러운 세상이 열리겠다'는 걱정이 들 수 있을 겁니다. 삶이 심심하고 지루해지겠다 싶기도 할 거예요. 그럴 때 좀 더 생각해야 합니다. 가슴 왼쪽에 오른손 가만히 올려 보세요. 귀찮다 돌아서지 마시고. 음. 당신의 '남자다운 눈길과 마음 씀씀이' 때문에 여성 아이돌 몸 안에 플라스틱과 실리콘이 억지로 들어가는 흐름을 곰곰 짚어 보시길. 당신의 '남자다운 눈길과 마음 씀씀이' 때문에 광대뼈와 턱뼈 깎던 여성이 죽거나 잘못 깎여 몸과 마음이 다 시름시름 앓는다는 걸 거듭 짚어 보시길.

"아이돌에게 페미니즘을 허하라"고 나는 말하렵니다. 하게 합시다. 페미니즘. 자유롭게. 아이돌로 하여금 참되고 올바른 자기 모습이 무엇인지 잘 깨달아 알게 하자는 얘기입니다. 자기 몸에 덧씌워진 '환상적인 아이돌 틀'부터 빨리 떨쳐 내길 바랍니다.

비겁한 펜스룰

펜스룰(Pence Rule). 오랫동안 미국 공화당 의원이었고 2017년 제48대 미국 부통령이 된 마이크 펜스가 스스로에게 세웠다는 규칙. 2002년 <더힐>이라는 매체와 인터뷰하며 처음 밝힌 것으로 알려졌죠. 자기 짝인 캐런 펜스가 아닌 다른 여성과는 함께 저녁 식사를 하지 않겠다는 겁니다. 보좌 업무를 꼭 남자에게 맡긴다거나 캐런 펜스와 함께하지 않을 때엔 술 있는 자리에 가지 않는다는 따위인데요. "술을 마시고 느슨해지면 그 방에서 가장 예쁜 갈색 머리를 옆에 두고 싶어지기 때문"이라고 말했다죠.

음. 여성과 동떨어지려고 야구장 울타리, 즉 펜스(fence) 같은 걸 일부러 둘러치겠다는 얘기잖아요. 거참, 이런 걸 규칙으로 삼다니. 마이크 펜스 머리가 '얼마나 딱딱한지' 잘 알 성싶습니다. 좀 비겁한 듯싶고.

술을 마신 뒤 '예쁜 갈색 머리—아마도 여성'에게 눈길과 마음 건넨 적이 있긴 한 모양이죠. 그리 느껴봤으니 앞으론 그러지 않겠다는 얘기일 테니. 도널드

트럼프 미국 대통령이 여성이었다면 마이크 펜스가 부통령으로 함께 뛰지 않았겠네요. 미국 부통령에겐 수많은 행사 가운데 '결혼한 짝 없이 술 있는 저녁'도 있게 마련일 텐데, 펜스가 정말 그런 곳엔 가지 않을까요. 도무지 믿기지 않습니다그려.

2018년 한국 사회에 '미투'가 잇따라 쏟아져 펜스룰이 새삼 사람들 입길에 오르내렸습니다. 성희롱이나 추행 같은 게 일어날 만한 곳에 아예 가지 않거나 여성을 일부러 멀리하는 남자가 많아진 탓일 테죠. 좀 호들갑스럽던데 그 뿌리가 생각보다 깊더군요. 오윤성 순천향대 경찰행정학과 교수가 <범죄는 나를 피해 가지 않는다> 76쪽에 "술과 성은 연관성이 있다. 직장에서 성과 관련해 여러 문제가 불거지는 대표적인 장소가 회식 자리"라고 쓴 것처럼. 77쪽에 "여성이 술에 취해 흐트러진 모습이나 틈을 많이 보이면 보일수록 자신의 의지와는 상관없이 상대 남성의 성적 욕구나 성폭행 의지가 강화될 수 있다"고 덧붙인 것처럼. 한국 남자 머릿속과 한국 사회에 자리 잡은 술과 회식과 성범죄를 둘러싼 생각이 한쪽으로 치우친 데다 매우 좁습니다.

펜스룰을 세우는 건 생각 좁고 겁 많은 탓입니다. 누구든 사람과 그리 마주해선 곤란하죠. 함께 땀 흘려 일해야 할 여성을 은근히 물리쳐 뒤로 빼는 짓이니까요. '미투' 들끓는다고 회식 같은 걸 할 때 남자끼리만 따로 모인다는 얘기도 들렸습니다. 이건 여성을 함께 일할 사람으로 보지 않는다는 얘기죠. 가뜩이나 '유리 천장'에 시름하던 여성에게 '유리 울타리'까지 덧씌우는 꼴이지요. 보이지 않는 위쪽 천장도 모자라 이젠 둘레 울타리라니요. 안 될 말입니다. 어울려 함께 일할 게 아니라면 대체 왜 거기 그곳—회사·학교·공공기관 따위—에 모여들 있습니까. 앞으론 회사에 여성을 아예 들이지 않을 생각입니까. 구태여 펜스룰. 우습지도 않습니다. 어처구니없고 부끄러운 규칙인지라.

2018년 유월 25, 26일 이화여대에서 강연한 미국 코넬대 법여성학자 신시아 보먼은 "성폭력 피해를 호소해 온 여성들은 모두 예민하거나 조직에 반항하거나 남성에게 돈을 뜯어내려고 하는 '꽃뱀'이라는 인식이 있었습니다. 그러나 지금은 아닙니다. 성폭력은 누구나에게 일어날 수 있으며 피해 여성의 고백을 믿을 수 있다는 것은 큰 인식의 전환이죠. 이는 피해자의 말을 의심해 왔던 법정과 배심원의 편견을 교정하는 구실도 했다"고 말했습니다. 그달 28일 자 <한겨레> 가 시민에게 전했죠.

미국은 한쪽으로 치우쳤던 법정과 배심원 생각을 얼마간 바르게 고친 모양입니다. 2015년 스탠퍼드대학교에서 일어난 성폭행 사건이 미국 법정과 배심원 생각을 바꾸는 데 적잖은 힘이 됐을 것으로 보여요. 술에 취해 의식이 없는 여성 성기에 손가락을 넣은 수영 선수 브록 터너가 3개월 만에 감옥에서 나온 바람에 미국 시민의 화를 돋우었죠. 가장 길게로는 '징역 14년' 동안 죗값을 치를 수 있는 짓을 했음에도 3개월 만에 감옥에서 놓여났기 때문. 검찰이 '징역 6년'을 요구했음에도 판사가 6개월로 줄여 준 데다 그나마 절반만 채우고 풀려났으니 화날 만했을 겁니다. 터너가 제아무리 미국 고교 수영 챔피언이고 백인이며 아이비리그 학생이더라도 징역 6년쯤으로 치를 죄를 3개월로 끝낼 순 없는 거니까.

미국 시민의 노여움은 애런 퍼스키 판사에게도 닿았습니다. 감옥에 있는 시간이 너무 길면 터너에게 '가혹한 피해'가 돌아갈 수 있고 "(감옥 밖에서) 다른 사람에게 위협이 되지 않을 것"이라며 징역 6개월과 보호 관찰 3년짜리 솜방망이를 휘두른 책임을 물었어요. 2018년 유월 5일 캘리포니아 주민소환 투표로 퍼스키를 법원에서 쫓아냈습니다. 더 이상 판사로 일하지 못하게 한 거죠. 터너에게 미칠 만한 '가혹한(?) 피해'가 성폭행을 당한 여성의 아픔보다 결코 클 수 없음을 제대로 짚지 않은 백인 엘리트 판사를 시민이 무겁게 꾸짖은 겁니다. 시민이 시작해 매조지한 큰 승리였어요.

한국은 아직인 성싶습니다. 큰 용기 낸 여성 고백을 믿지 않은 채 은근히 '꽃뱀'으로 몰아가려는 뜻이 천연덕스럽죠. 갈 길이 멀다는 얘깁니다.

그래도 신시아 보면 눈에 그나마 '고무적'인 게 있었더군요. 한국에서 "미투 이후에 일어나고 있는 집회에 수만 명의 여성이 참여했다는 사실이 가장 고무적"이었답니다. "변화를 바라며 성(性) 평등을 위해

헌신하는 한국 여성들 모습이 인상 깊었다"죠. "더 이상 성폭력 피해자들은 혼자라고 느끼지 않습니다. 여성들이 하나둘씩 자기 피해를 이야기하고, 또 주변에서는 이를 믿고 응원하는 분위기가 만들어졌습니다. 미투 운동은 앞으로도 지속될 것"이라고 덧붙였습니다. 우리도 '미투' 부르짖는 한국 여성 곁에 함께 선 채 힘 북돋워야겠네요.

미투와 함께하는 사람에게서 나는 밝은 빛을 봅니다. 누구 하나 몸과 마음을 억지로 짓밟히지 않는 세상에 어린 빛. 수지처럼 우리는 누군가 아파하면 얼마나 아픈지 살펴 따뜻이 감싸 주고는 해요. 세상을 홀로 살아갈 수 없는 걸 잘 알기 때문이죠. 잘 안다기보다 그리 느낀다고 할 수 있겠습니다. 가족과 유치원과 학교에 모인 사람들 삶 바탕이 그러니까. 혼자서가 아닌 함께 어울리는 삶. 나도 아파 봤으니 아픈 사람에게 눈길 주고 보듬는 삶.

자, 당신은 착하고 여성을 함부로 대하지 않습니다. 누군가를 희롱하거나 추행할 생각도 없죠. 그럼 다 된 걸까요. 마이크 펜스처럼 울타리까지 쳐 두면 더욱 든든해 당신 삶이 더 즐겁겠습니까. 과연 그럴까요. 그럴 거라면 아예 무인도나 깊은 산속으로 들어가 혼자 사는 게 낫지 않겠습니까. 음. 생각을 바꾸는 게 옳아 보입니다. 세상은 내가 쳐 둔 울타리 안으로만 짜일 수 없거든요. 울타리 안팎이 다 세상이죠. 울타리 안에서 밖을 내다보다가 다른 사람과 눈이 마주칠 수 있고, 울타리 밖에서 안을 들여다보던 사람과 눈길이 맞닿을 수도 있습니다. 눈길 맞닿았으니 서로 말을 주고받을 수도 있고. 그를 좀 더 가까이에서 보고 말하려고 내가 울타리 밖으로 나가거나 그를 안으로 들어오게 할 수도 있죠. 어떻습니까. 그런 것 같지 않나요. 우리 삶 말입니다. 울타리 쳐 두고 안에서만 살 수 없어요. 들락이다가 사람과 마주하게 되면 이야기 나눠 가며 이런저런 일 맺거나 풀죠.

자, 미투로 세상 참 시끄러운 듯한데 당신은 괜히 얽히고 싶지 않습니다. 왜? 귀찮으니까. 당신이 가만히 있어도 누구 하나 나무랄 사람도 없어요. 울타리 미리 쳐 둔 채 미투에 얽히지 않으면 당신 삶이 그야

말로 완벽할 것 같죠. 과연 그럴까요. 아니, 사실 당신과 당신의 '펜스룰'은 비겁한 겁니다. 생각 좁고 겁 많은 것에 지나지 않죠. 나는 바랍니다. 당신이 울타리 걷고 세상에 나서길. "나도 당했다"며 괴롭고 아파하는 사람 말 잘 듣길. 그들과 함께 생각하고 움직이기를.

오덕식, 갈 길 먼 남자 중심 한국 사회 지표

2019년 십일월 24일. 또 한 사람 세상을 떠났습니다. 안타까이. 노래하는 사람 구하라. 41일 전 그에 앞서 떠난 설리에게 "네 몫까지 열심히 살겠다"고 약속했음에도. 차마. 말하지 못할 아픔에 몸져누웠던 모양입니다. 내내.

수많은 잔인한 혀끝—인터넷 손가락 놀음—이 비수였죠. 아이돌을 그저 '꽃'으로 두고 보려는 욕심과 기대가 무너지자 손끝에 칼을 올리고는 사람을 벼랑 끝으로 내몰았잖아요. 삶 끝에 선 구하라가 세상을 향해 되돌아서지 못한 건 남자 중심 한국 사회의 현주소입니다. 갈 길 참으로 멉니다. 특히 서울중앙지방법원 형사20단독 판사 오덕식은 남자 중심 얼개로 빚어 온 한국 법조 본색을 고스란히 드러냈죠. 오랫동안 '남자다운' 척하던 검찰조차 2차 피해를 걱정해 내놓지 않은 최종범의 구하라 불법 동영상을 굳이 봐야겠다며. 최종범이 동의―명백한 동의든 아니든 상관―없이 동영상과 사진을 찍어 구하라를 물건처럼 여겼음에도 "무죄"라며.

　1968년에 태어난 오덕식은 1961년 십일월에 만들어 정한 '윤락 행위 등 방지법' 같은 사회 얼개 속에 자랐습니다. 윤락(淪落). '타락해 몸을 파는 처지에 빠졌다'며 오로지 여성에게만 책임을 묻는 짜임새. 여성으로 하여금 몸을 팔게 하거나 돈 주고 산 자는 꾸짖지 않았어요. 법이 남자 쪽 좋은 대로였던 거죠.
　삼십사 년이 걸렸습니다. 몸을 판 사람뿐만 아니라 산 자까지 벌 주기 시작한 거. 1995년에야 '윤락 행위 등 방지법'을 조금 바꿨거든요. 사십삼 년이 걸렸습니다. '윤락'이 '돈을 받고 몸을 판다'는 '매춘(賣春)'으로, 다시 '여성 몸을 팔고 산다'는 '매매춘(賣買春)'으로,

또다시 '대가를 주고받기로 하고 성행위 따위를 하는 일'인 '성매매(性賣買)'로 바뀌기까지. 2004년에야 '성매매 알선 등 행위의 처벌에 관한 법률'이 생겼거든요. 팔거나 사는 자, 팔게 하는 자 모두에게 책임을 묻는 체계. 사람을, 특히 여성을 물건처럼 여기지 말아야 한다는 생각이 사십삼 년여 만에 겨우 뿌리를 내리기 시작한 사이 오덕식은 중고등학교와 대학을 나와 판사가 됐죠. 1995년 37회 사법시험을 치렀는데 첫 직장이 법원이었을 것으로 보여요. 사회 경험 얕은 채로 세상 일 옳고 그른 걸 결정하는 노동, 즉 판결을 2019년까지 이십삼사 년쯤 한 거죠. 종이에 쓰여 자기 책상 위에 올라온 검사와 변호사 말 견줘 읽어 가며. 그가 범죄와 갈등 현장에 나가 뭔가 듣거나 본 건 얼마나 될까요. 한 번이라도 나가 보긴 했을까 몹시 궁금합니다.

판사 오덕식은 판례 따위의 종이로 굳어진 한국 법조 습속대로 초범이 이렇고, 명백한 동의가 저렇고 하며 여러 성범죄를 두고 "집행유예"요 "무죄"라 말해 왔을 개연성이 있죠. 2015년 십일월부터 삼 년 동안 마흔한 차례나 여성 치마 안을 몰래 찍은 이 아무개를 "징역 십 개월"로 꾸짖어야 마땅하지만 "집행유예 이 년"으로 갈음한 것처럼. 쳇바퀴. 가슴 아프지만, 1960 년대 말에 태어나 1980년대 말과 1990년대 초에 대학 을 다닌 오덕식 세대는 해묵은 남자 중심 한국 사회의 끝단일 수 있습니다. '좋은 게 좋은 것' 찾아 웃던 때에 미련을 둔 이들일 수도 있고요.

끝단에 선 채 옛 미련 붙들고 어디 잘살 수 있겠습 니까. 2020년, 21세기에. 아니죠. 깨달아 알아야 합니 다. 새로 배우고 익히시길. 사법시험 준비하는 것 같 은 책상 놀음 말고 진짜 사람 삶을. 법률과 판례 따위 에 어긋나지 않는 것보다 사람 살리는, 새 질서 찾는 결정이 더욱 소중한 것임을.

당신이 새로 배우고 익히려 나선다면 나는 기꺼이 함께할 마음이 있습니다. 펜스룰 따위 세워 둔 채 눈 돌리는 것으로는 남자 중심 한국 사회에 되레 갇히고 말 꼴인 걸 새겨 두시고.

4

꾸짖을
남자

김학의와 안태근과 안희정, 수많은 자

"어떤 아저씨가 (길거리에서) 자위를 하고 있어요."

2014년 팔월 12일 밤 열두 시에 가까워졌을 무렵. 제주시 중앙여고 앞 1131번 큰길 옆에서 성기를 손에 쥐고 자위하던 남자가 한 학생 눈에 띄었습니다. 경찰에 알려졌죠. 제주시와 서귀포시를 잇는 1131번 길처럼 사람과 자동차가 많이 지나다니는 곳에서 '공공연히 음란한 짓'을 했으니까. 경찰에 불들렸습니다.

스스로도 구렸을까요. 사로잡힌 남자는 경찰에게 자기 동생 주민등록번호와 이름을 대며 자신이 누군 지를 감추려 했죠.

김수창. 그날 경찰에 잡힌 남자. 검사였습니다. 제 주지방검찰청 검사장이었죠. 지방검찰청 검사장은 중앙행정기관 차관쯤으로 치는, 매우 높은 자리인데 요. 차관쯤 되는 검사가 길거리에서 자기 성기를 드러 낸 채 즐긴(?) 겁니다.

김수창은 7차선이나 되는 제주중앙여고 앞 1131번 길을 건너서 왔다 갔다 하며 다섯 차례나 자위했어요. 큰길을 향하거나 등진 채 성기를 드러내고 손으로 만 진 거죠. 그 모습이 폐회로—시시(CC)—티브이에 고 스란히 담겼습니다. 밤거리를 어슬렁거리며 이리저 리 돌아다니다가 젊은 여성을 좇아 한 건물로 들어가 기도 했더군요.

"사실이 아니"고 "비슷한 사람과 오인한 것"이라 던 김수창은 폐회로 티브이에 찍힌 남자가 자신임을 인정했습니다. 제주지방검찰청 검사장을 그만둬야 했죠.

김수창이 왜 길거리에서 성기를 꺼내들게 됐는지는 밝혀지지 않았지만, 그가 여성을 어찌 여겼는지를 엿볼 만한 일은 있었습니다. 2012년 십일월 '김광준 부장검사 뇌물 수수 사건'으로부터 불거진 경찰 수사권 독립 문제를 두고 검찰과 경찰이 맞부딪혔는데요. 김수창은 그때 사건을 맡은 특임검사랍시고 '검찰은 의사, 경찰은 간호사'라는 생각을 내보였죠. "수사 지휘는 검사가 경찰보다 나아서 수사 지휘하는 것이다. 의학적 지식은 의사가 간호사보다 낫다"고 말하며. "수술을 의사가 하지 간호사가 안 하지 않나. 마찬가지로 수사 지휘는 경찰이 아닌 검사가 해야 한다"고 말하기도 했죠. 의사와 함께 일하는 간호사를 '한 계급 낮은 사람'으로 여긴 겁니다. 무슨 일을 하는지를 두고 사람 높낮이를 따지거나 나눠서야 되겠습니까. 김수창이 여성 간호사가 많은 점을 함께 헤아려 경찰을 은근히 깔보지 않았나 싶기도 하네요.

1987년 제29회 사법시험을 보고 검사가 된 김수창은 27년 만인 2014년 공연음란죄 혐의로 검찰을 떠났죠. 경찰이 '공연음란죄' 혐의에 따른 기소 의견을 달아 사건을 검찰에 넘겼는데, 검찰이 재판 청구를 미뤄 '봐주기' 논란이 일었습니다. 그 덕에 1년쯤 지난 2015년 시월 서울 서초동에 법률사무소를 열 수 있었어요. 음. 검찰이 '기소유예'한 게 몹시 씁쓸하지만, 먼저 공연음란한 검사에서 변호사로 탈바꿈한 김수창이 또다시 공공연히 음란한 짓을 하지 않기를 바랍니다. 진심으로. 여성 존중하는 마음부터 제대로 갖추기를 바라고.

"윤중천은 내게 약 탄 술을 먹이고, 김학의는 내 뒤에 서서 나를 준강간했다."

김학의. 김수창의 선배이자 2010년 인천지방검찰청에서 함께 일하기도 한 검사. 2010년 시월 대중가요 그룹 2NE1의 박봄이 마약 암페타민 여든두 알을 한국에 몰래 들여오다가 붙들렸는데 김수창과 함께 기소와 입건을 미뤄 '봐주기 수사' 논란을 빚었죠. 2013년 삼월 박근혜 정부 첫 법무부 차관이 됐지만 엿새 만에 옷을 벗었고요. 2012년 말 건설업자 윤중천의 강원도 별장과 서울 역삼동 어떤 곳에서 이 아무개 씨를 여러 차례 강간한 혐의를 샀기 때문입니다.

경찰은 김학의와 윤중천이 한 짓을 '특수강간'으로 보고 '기소' 의견을 달아 검찰로 넘겼어요. 특수강간. 성폭력 범죄 처벌 등에 관한 특례법 제4조. 흉기나 위험한 물건을 지닌 채 강간했거나 두 명 이상이 함께 일을 벌인 것. 여성을 강간한 짓 가운데 가장 더러운 걸로 여겨집니다. 무기 징역이나 5년 이상 징역해야 하죠. 평생 감옥에 있거나 적어도 5년 넘게 갇혀야 한다는 얘기. 같은 방법으로 '강제추행'을 하더라도 3년 넘도록 감옥에 있어야 합니다.

한데 검찰이 내린 결론은 달랐죠. 무혐의. 특수강간 한 혐의가 없다는 건데요. 갸우뚱. 매우 이상한 결론이었습니다. 김학의가 별장에서 여성을 강간하는 모습이 담긴 동영상이 있었을 뿐만 아니라 이 아무개 씨 증언이 뚜렷했거든요. 이 씨는 말할 것도 없고 학생을 비롯한 여러 여성이 윤중천의 폭력과 겁박에 떠밀려 별장에 가두어진 채 약 탄 술을 억지로 마신 뒤 성폭행을 당했다는 사실이 잇따라 드러나기도 했죠. 그랬음에도 '무혐의'라 하니 수많은 보통 사람의 고개가 자꾸 갸울어질 수밖에 없는 흐름이었습니다.

검찰은 '동영상 속 남자를 김학의로 특정하지 못한 다'는 까닭을 내밀었는데 이를 비웃는 사람 많았죠. 티 브이 뉴스와 인터넷에 얼마간 드러난 동영상 속 남자 가 김학의인 게 뚜렷했거든요. 사건이 불거진 2012년 말 검찰에서 일했다는 국회의원 이용주도 "딱 보면 그 사람일 수밖에 없다. 김학의 전 차관 얼굴이 다른 사람 하고 구분이 안 가는 얼굴이 아니다"고 말했을 정도였 습니다. 검찰은 뚜렷한 특수강간을 두고 '성(性) 상납 뇌물'이라는 웃지 못할 틀을 짰죠. 틀 아래에서 사건 크기를 줄이고 감추려 한 것으로 풀이됐고요.

하여 사건이 되살아났습니다. 2018년 팔월 6일 한 국여성의전화를 비롯한 673개 시민단체가 서울지 방변호사회 앞에서 김학의 사건을 "'성폭력 사건'으 로 철저히 재수사하라"고 목소리를 돋우었어요. 무려 673개 시민단체가 한데 모여. "검찰이 여러 피해자의 피해 사실을 인지하고도 이들의 목소리를 철저히 외 면했다"며 "검찰이 은폐한 이 사건을 재수사하는 것 만이 과거사 청산의 길"이라고 짚었죠. 2018년 사월 법무부 밑 검찰과거사위원회도 김학의 성폭력 사건을 다시 조사하라고 권했습니다. 검찰 수사와 결론이 잘못됐으니 바로잡으라는 얘기인데요. 무엇보다 성폭력, 특히 특수강간이었는지에 조사 초점을 맞추라는 뜻으로 읽혔습니다.

무혐의 결론을 낸 검찰 덕에 김학의는 2016년 일월 변호사로 옷을 갈아입었죠. 큰 탈 없이 잘살았던 셈입니다. 음. 김학의에게 당한 이 아무개 씨 삶은 어땠을까요. 2018년 팔월 "강원도 원주와 (서울) 역삼동을 오가며 벌어진 악몽 같은 일을 나는 영원히 잊을 수 없을 것"이라고 울부짖었습니다. 영원히 잊을 수 없는 아픔. 김학의에게 물렸어야 할 죄를 터무니없이 덮고 말았다면 이제라도 꼭 되짚어 줘야 마땅하죠. 2019년 삼월 22일 밤 11시께 인천국제공항에서 태국으로 빠져나가려던 김학의를 한국에 붙들어 두고 검찰 조사를 다시 받게 한 까닭이겠고요.

2019년 시월 29일 열린 서울중앙지방법원 형사합의 27부(재판장 정계선) 공판에서 검찰은 "범죄의 중대성이 인정된다"며 김학의에게 징역 12년과 벌금 7

억 원과 추징금 3억3760만 원을 선고해 달라고 재판부에 바랐습니다. 그날 법정에 나온 김학의는 "제 기억으로는 (윤중천의 원주 별장에 간 적이) 없다. 가슴을 열어도 없다. 정말 괴롭지만, (특수강간과 뇌물 수수 혐의) 그걸로 망했고 여기까지 왔다. 술 취해서 갔을 수도 있지만 깨어나 보니 집이었다. 나를 아무도 안 믿는다. 마누라도 나보고 괜찮으니 그냥 갔다고 하라고 하더라"며 증인석 책상에 엎드려 소리 내 울었다죠. 1분쯤. 김학의는 법정에서 "윤중천과의 잘못된 만남으로 인한 잘못된 처신, 정말 뼈아프게 자책하고 반성하고 있다"고 말했지만, 실제로는 "범행 전체를 부인한다"고 검찰이 밝혔습니다. 김학의는 언제쯤 제대로 뉘우칠까요. 그럴 마음이 있기는 한 걸까요.

2018년 오뉴월 두 달 동안 법무부 성희롱·성범죄 대책위원회가 법무부와 검찰 안에서 직원 사이에 성(性)에 얽힌 해를 끼친 일로 감찰하거나 징계한 사건 110개를 살폈습니다. 무려 110개. 한국 법무부와 검찰 안에서. 살핀 결과는 엉망이었어요. 해를 입었다고 알리려는 사람의 뜻을 꺾거나 나쁜 짓을 한 자와 해를 입은 사람을 떼어 놓지도 않았던 것으로 드러났죠. 한국 법무부와 검찰 안에서. 심지어 해를 입었다고 알린 사람을 두고 입방아를 찧어 두 번째 피해를 일으키기도 했어요. 한국 법무부와 검찰 안에서. 피해 사건 기록을 잘 짜거나 제대로 간수하지도 못했고 해를 입은 사람 얘기를 담은 녹음 파일을 잃어 버리기도 했습니다. 한국 법무부와 검찰 안에서. 그리 엉망이다 보니 2015년 서울남부지방검찰청 검사 진 아무개가 후배 검사를 성추행한 짓을 제대로 살피거나 징계하지도 못했죠. 이런 검찰이 세상 성폭력 범죄를 올바로 수사해 책임을 제대로 물어왔을까요. 지금 올바로 수사해 책임을 제대로 묻고 있는 걸까요. 갸우뚱. 그런 검찰이다 보니 김수창을 기소유예하고, 김학의에게 혐의가 없다고 했던 것 아닐까요. 음. 한국 검찰… 믿음직합니까.

2019년 시월 18일 검사 출신 국회의원 이용주가 이른바 '리얼돌(real—doll)'을 국회 국정감사장에 들고 나와 눈길을 끌었습니다. "정부가 산업적 측면에서 지원할지에 대해 신중한 검토가 필요하다"고 말했죠. 산

업으로 키워 한국 남자 품에 하나씩 안겨 주기라도 하자는 얘기일까요. 참으로 어이없는 일. 한국 남자, 특히 검사였다가 국회의원이 됐을 만큼 큰 힘 가진 남자가 품은 생각이 고스란히 드러났습니다. 여성을 물건처럼 여기는 거. 사람이든 인형이든 상관없이. '리얼'하기를 바라며. 돈 주고 제 마음껏 성욕 채우려는 거.

검사들, 설마 힘 좀 있고 돈 좀 있는 한국 남자 생각이 죄다 그럴까요. 오랫동안 그리 길들여져 이제는 뭘 어찌할 수 없는 지경에 닿은 겁니까. 성욕이, 주체할 수 없을 만큼 막 넘치는 건가요. 내 눈엔 범죄와 장난 사이로 놓인 담장 위를 아슬아슬 걷는 당신 모습부터 떠오르네요. 발 헛디뎌 범죄 쪽으로 굴러떨어지면 거기가 곧 지옥일 터. 제아무리 돈 넘치는 세상이라지만 사고팔지 말아야 할 게 있습니다. 장난치지 말아야 할 것도 있고.

투사 서지현

2018년 일월 29일 서지현 검사가 검찰 안 사람들

에게 쓴 글엔 못된 성희롱 성폭력 검사가 차고 넘칩니다. 해병대 출신으로 눈이 부리부리한 부장검사는 "나는 술 안 먹는 검사는 검사도 아니라고 생각한다. 나는 이대생을 싫어한다. 나는 여검사를 싫어한다. 너는 내가 싫어하는 걸 다 갖췄으니 악연 중 악연"이라고 서지현 검사에게 말했다죠. 부장검사는 그쯤에서 멈추지 않았어요. "너같이 생긴 애치고 검사 오래 하는 애 못 봤다. 검사는 너처럼 공주 같으면 안 된다"고 거듭거듭 말했답니다. 한국 검찰에 정말 이런 검사가 있는 겁니까. "올해부터는 여검사가 백 명이 넘었다니 우리 회사 앞날이 큰일"이라고 말하며 서지현 검사를 바라보고 혀를 차는 검사도 많았다죠. "나는, 여성은 남성의 오십 프로(퍼센트)라고 생각한다. 그러니까 너는 여기 있는 (남자) 애들 오십 프로야"라고 말한 또 다른 부장검사도 있었고요. 그 옆에서 "옳은 말씀이야, 새겨들어"라고 말한 검사도 있었답니다. 어디 그뿐입니까. "야, 너는 여자애가 무슨 발목이 그리 굵으냐! 여자는 자고로 발목이 가늘어야 한다"더니 술에 취해 머리나 어깨를 툭툭 때려댄 검사. 여성이 있는 자리임에도 틈만 나면 음담패설을 늘어놓은 검사. 웃으면 "여자가 그리 웃음이 헤퍼서 쓰냐"고 나무랐다가, 웃지 않으면 "여자는 안 웃으면 안 된다"고 가르친 검사. 노래방에서 부둥켜안고 춤 추자며 끈질기게 손 내민 검사. 월요일 아침 출근해서는 "부장은 왜 그 여종업원 팬티를 머리에 쓰고 있었느냐"며 낄낄댄 여러 검사. 한국 검찰에 정말 이런 검사가 있는 겁니까. "너 정도 나이면 남편감을 외국에서 찾거나 재혼 자리를 알아봐야 한다"고 말한 검사. 회식 마치고 흩어질 때 "너는 안 외롭냐? 나는 외롭다. 나 요즘 니가 이뻐 보여 큰일"이라던 핫아비 검사. "누나, 저 너무 외로워요. 오늘은 집에 들어가기 싫어요. 저 한 번 안아 줘야 차에서 내릴 거예요"라던 버릇없는 검사. "애고, 우리 후배 한번 안아 보자"며 와락 껴안는 짓 잦았던 또 다른 핫아비 검사. "잊지 못할 밤 만들어 줄테니 나랑 자자"고 말한 핫아비 검사 하나 더. 한국 검찰에 정말 이런 검사가 있는 겁니까. 대체 손가락 몇 개를 써야 다 꼽을 수 있을까요. 참으로 딱하고 기막힙니다.

검사는 형사 사건을 심판해 달라고 법원에 청하는

사람이죠. 형사 사건 기소. 다시 말해 '죄 지은 자'를 꾸짖는 재판을 열어 달라고 법원에 말하는 겁니다. 한국에선 오로지 검사만 할 수 있어요. 고위공직자범죄수사처를 만들어 기소권을 조금 나누는 걸 두고 여러 고민과 말다툼이 일긴 했지만, 오랫동안 검사들 독차지였죠. 사람 죄를 다루는 매우 무거운 힘을 가진 거예요. 힘 무겁다 보니 검사 몇몇은 '하지 못할 일 없을 자신'을 느꼈을 듯싶습니다. 자기 어깨에 사람과 세상을 지배할 힘이 올려져 있다고 느꼈을 성싶기도 하고요. 그리 느꼈으니 어깨를 한껏 추어올렸겠죠. 높아진 어깨만큼 뭇사람은 말할 것도 없고, 가뜩이나 가부장제 서슬 퍼럴 때 사법시험 치르고 검사가 됐을 테니 '뭇여성쯤이야 뭐, 아무것도 아니지' 않았을까요. 내 몸 즐거울 욕심—애욕(愛慾)—채워 줄 어떤 무엇쯤으로. 물건 같기도 한. 여성을 그리 여기다 보니 쉬 공연음란하고 특수강간할 개연성을 높인 것 아닐까요. 동료 검사 허리와 엉덩이에 손대기도 하고. 성희롱 서슴지 않아 가며.

음. 한국 검찰에서 여성을 물건처럼 여겨 여성의 몸

향해 더러운 손 뻗고 혀 놀리는 검사 사라지길. 길거리에서 성기 드러낸 채 즐거워하거나 특수강간 일삼는 검사 이제 더 없길. 검사 되려는 꿈 품은 젊은이 앞에서 낯부끄러운 검사 사라지길. 특수강간을 해도 무혐의로 감옥에 가지 않는 검사를 힘있는 자로 여겨 '나도 검사 되어 즐기리라' 하는 뒤틀린 꿈 품는 젊은이 없길.

서지현 검사가 검찰 내부망에 올린 글 '나는 소망합니다'에 시민 눈길이 모였습니다. 검찰은 말할 것도 없고 한국을 크게 뒤흔든 글이었죠.

"이 모든 게 다 그 개새끼 때문이야." 서지현 검사 글 안엔 오랜 아픔이 절절했습니다. "쥐새끼 같은 놈, 언젠가 터질 줄 알았어"라거나 "거지 같은 놈"이라 일컫기도 했죠. 아픔이 빚은 분노가 가리킨 곳에 한 남자가 있었어요. 안태근. 2010년 시월 30일 술에 취한 채 서지현 검사 허리와 엉덩이를 더듬었습니다. 끈덕지게. 서 검사가 무릎 담요를 말아서 막아 가며 피했음에도. 음. 서 검사 동기 부친상을 조문하는 장례식장에서 말예요. 돌아간 분을 기리는 자리였음에도 술에 잔뜩 취해 후배 검사 몸을 더듬으며 제 욕심 채운 거죠.

안태근은 그때 법무부 정책기획단장이었습니다. 1987년 제29회 사법시험에 합격한 뒤 사법연수원을 20기로 마치고 검찰에서 죽 잘나갔어요. 서지현 검사가 2001년 제43회 사법시험에 합격한 뒤 사법연수원을 33기로 끝냈으니 십삼 년쯤 안태근이 선배입니다. 나이 어린 동생이나 조카뻘 될 후배를 성추행하다니 범죄였죠. 내 허리와 엉덩이에 안태근 손이 끈덕지게 닿는다고 생각해 보세요. 윽. 토할 것 같습니다. 몸에 더러운 벌레 붙어 꼬물꼬물하는 느낌일 듯해서. 검찰에서 죽 잘나갔던 안태근은 '법무부 검찰국장'이라는 높은 자리에 이르렀죠. 자리가 무거웠던 만큼 후배 검사를 성추행한 책임을 더욱 크게 져야 마땅하겠습니다.

2019년 칠월 18일 서울중앙지방법원 형사항소 1부 (재판장 이성복)는 직권남용권리행사방해 혐의로 안태근에게 "징역 2년"을 살라 했죠. "검사 인사권을 사유화하고 남용해 국민과 검찰 구성원의 믿음과 기대를 저버렸다"고 봤어요. 법무부의 높은 자리에 있던 안태근은 재판부 말처럼 "검사 인사권을 사유화하고 남용해" 서지현 검사에게 2차 피해를 끼쳤습니다. 서 검사가 성추행 사태 책임을 묻자 2015년 8월 검찰 인사에 부당히 개입한 것. 수원지방검찰청 여주지청에 있던 서지현 검사를 창원지방검찰청 통영지청으로 발령하게—까닭을 말해 주지도 않은 채 지방지청에서 다시 지방지청에 보내도록—안태근이 끼어들었다는 게 재판부 판단이었어요. "서지현 검사는 제대로 된 사과도 받지 못하고 수사와 재판 과정에서 본질과 무관한 쟁점으로 검사로서의 명예가 실추되는 등 큰 정신적 고통을 입어 엄중한 양형이 불가피하다"는 거죠.

2차 피해 특징이 잘 나타난 흐름이었습니다. 안태근에게 큰 힘이 있던 때인지라 검찰 안에서조차 "(안태근이) 그래도 일은 정말 잘했다"는 둥 "(서 검사의) 문제 제기 방식이 잘못됐다"는 둥 "(성추행이 있던 때엔 조용하더니) 이제 와서 왜 그러느냐"는 둥 서지현 검사 상처에 소금 뿌리는 자가 나타났고요. 서 검사 "업무 능력과 인간 관계에 문제가 있었다"는 둥 "(성추행 사건 폭로를 발판 삼아) 정치를 하려고 그런다"
는 둥 꼴이 참 볼만했죠. 믿기십니까. 모두 한국 검찰
안에서 일어난 일이었습니다. 좋은 대학교에 다니며
시험 잘 보는 능력 덕에 한국을 지배하는 무리가 된
검찰이 '2차 가해라는 게 대체 무엇인지'를 스스로 깨
칠 때가 된 것 같네요.

2019년 오월 서지현 검사는 성추행 피해를 알렸음
에도 안태근을 꾸짖지 않은 그때 법무부 검찰과장에
게 직무유기 책임을 물기 위해 고소했습니다. 성추행
사태를 드러낸 걸 두고 '인사 불만' 때문으로 깎아내
린 그때 법무부 대변인과 서울중앙지방검찰청 어느
부장 검사에게도 명예 훼손 책임을 묻기로 했죠. 서
검사는 "성추행 피해를 폭로한 것은 검찰을 사랑하기
때문에 검찰 개혁을 위해 나섰던 것"이라고 말했어
요. 그가 내딛는 발걸음이 검찰을 새롭게 뜯어고칠 밑
거름이 되길 나는 바랍니다. 두 손 모아.

2020년 일월 23일 문재인 정부가 부부장 검사 서지
현에게 법무부와 검찰 조직 문화를 바꾸는 일을 맡겼

습니다. 성 평등 관련 업무도 함께 다루게 했죠. 그날 서지현 검사는 "이것이 영광의 꽃길이 아닌 또 다른 고통의 길, 고난의 길임을, 예전보다 더욱더 혹독할 길임을 너무나 잘 알기에 아직 제대로 회복되지 않은 몸과 마음으로 사실 많이 두렵지만…(중략)…다시 만신창이가 되더라도 희망의 씨 하나 더 뿌리기 위해 기도하는 심정으로 두렵고 무거운 발걸음을 다시 떼 보려 한다"고 밝혔어요. 그가 두려움을 깨고 나서서 걷고 또 걷기를 바랍니다. 단단히. 힘내시길.

투사 김지은

서지현 검사 '#미투(MeToo)'는 큰 물결을 일으켰습니다. 그로부터 용기를 얻어 "미투―나도 당했다"는 목소리가 잇따랐죠. 연극 연출로 이름을 널리 알린 이윤택에게 오랫동안 당한 사람. 노벨 문학상 단골 후보였던 시인 고은 손끝에 시달린 사람. 영화감독 김기덕과 배우 조재현에게 짓밟힌 사람. 방송인 김생민에게. 배우 조민기도. 정치인 정봉주와 민병두, 서울대 총장 후보였던 강대희까지. 끝없이 드러나는 힘센 자의 성폭력과 성희롱과 성추행. 힘 있는 남자들 머릿속과 등 골에 대체 무엇이 들었기에 혀끝 손끝을 더럽게 움직 인 걸까요.

음. 충남도지사였던 안희정이 김지은 수행비서를 성폭행한 사건을 두고 '더러운 혀끝 손끝 까닭'을 헤아 려 보겠습니다. 안희정은 2017년 유월 말부터 2018년 이월 25일까지 8개월 동안 네 차례나 김지은 씨를 강 간했죠. 틈 나는 대로 성추행했고요. 검찰은 이를 '업 무상 위력 간음과 추행'으로 봤습니다. 수행비서 인사 권을 손에 쥔 도지사가 맡아 하는 일에 딸린 힘으로 사람을 눌러 꼼짝 못하게 한 채 억지로 성관계를 맺거 나 강간과 다름없는 짓—추행—을 했다는 뜻이죠.

위력(威力). 남을 눌러 꼼짝 못하게 할 만큼 힘셈. 또는 그런 힘. "평판 조회가 중시되는 정치권에서는 (안희정) 지사의 말 한마디에 평생 일을 못할 수도 있 고, 반대로 추천을 받으며 일할 수도 있다"며 "다른 비서였어도 똑같은 피해를 봤을 것"이라는 김지은 씨 말처럼 안희정에게 힘이 있었죠. 우리 함께 눈길 둘곳입니다. 이름을 널리 알린 영화감독과 배우와 시인과 국회의원도 그런 힘 덕에 제 마음껏 손 뻗고 혀 놀린 거였겠죠. 그런 힘에 짓눌린 사람은 몸에 닿은 더러운 느낌은 말할 것도 없고 마음까지 짓밟혔겠고요. 모질고 고약하게. 안희정이 2018년 "이월 25일 마지막 범행(강간)을 하고 나서는 삼월 5일 태연히 '미투'를 지지한다는 발언을 하는 모습이 괴물처럼 보였고 참담했다"는 김지은 비서 말처럼. 힘 좀 있다고 제 마음대로 강간하고 추행하는 자는 아마도… 괴물. 감옥에 가둬야 할 범죄자!

모든 사람 앞에 얼굴까지 내보인 굳센 뜻 있는 김지은 씨를 응원합니다. "힘내세요." 못된 힘에 눌려 괴롭고 아팠던 모든 이도 힘내시길. 음. 괴롭고 더러운 느낌 주는 나쁜 손끝 혀끝 다가오면 그자가 언제 어디서 어찌했는지 적어 두세요. 꼭. 메신저나 문자메시지 같은 것 갈무리해 따로 간수하고, 녹음할 수 있는 건 하십시오. 쉽지 않겠지만 사진이나 동영상을 찍어 두는 것도 좋겠습니다.

여성을 강간했거나 손아귀에 넣고 제멋대로 가지고 놀아나는 남자 몇몇에게 나는 말하렵니다. "차라리 자위를 하세요." 애먼 사람 욕보이거나 괴롭히지 말고.

음. 2018년 팔월 14일 서울서부지방법원 형사합의 11부(재판장 조병구)는 전 충남도지사 안희정이 '무죄'라고 봤죠. 강간 혐의를 두고 "피고인이 유력 정치인이고 차기 유력 대권 주자로 거론되며, 도지사로서 별정직 공무원인 피해자의 임면권을 가진 것을 보면 '위력'으로 보는 게 타당하다"고 한 것까진 옳았는데 "피해자 심리 상태가 어땠는지를 떠나 피고인이 적어도 어떤 위력을 행사했다거나 하는 정황은 없다"고 본 겁니다. 엉뚱하게도. 특히 "피해자가 업무상 명시적으로 (성관계에) 동의하는 의사를 표시하지 않았고 나름의 방식으로 거절하는 태도를 보였으며 마음속으로 반대하더라도 현재 우리나라 성폭력 처벌 체계에서는 피고인의 행위가 처벌 대상이 되는 성폭력 범죄라 볼 수 없다"고 덧붙였죠.

좁은 눈길에 꽉 막힌 생각이었습니다. 법원이 목매고는 하는 판례에도 어긋났죠. 판사 문유석이 <판사유감> 114쪽에 쓴 서울북부지방법원 2004년 시월 22일 선고 2004고합228호 사건 판결문만 봐도 쉬 헤아릴 수 있어요. 같은 책 118, 119쪽에 소개했습니다. "여성들이 약한 정도의 폭행, 협박에 대해서도 쉽게 공포심을 느끼고, 공포심에 몸이 얼어붙고, 목이 막혀 소리치지 못하고, 결국 저항을 포기하고, 적극적인 저항이 없기 때문에 더 강한 폭행, 협박이 실제로 표출되지 않았다고 하더라도 어찌 폭행, 협박이 있었지만 '피해자의 항거를 불가능하게 하거나 현저히 곤란하게 할 정도의 폭행, 협박'에 이르지 않았다고 말할 수 있으며, 강간죄가 성립하지 않으므로 무죄라고 할 수 있겠는가? 누군가 강력한 폭행, 협박을 행사하지만 않으면 여성의 명백한 거부 의사에도 불구하고 완력으로 여성의 옷을 벗기고, 강제로 성관계를 가지더라도 죄가 되지 않는다고 말한다면 이 법원은 그러한 생각은 틀렸다고 분명하게 말해 주고 싶다"고.

'판사들은 글을 이랬다저랬다 꼬아 가며 참으로 길게 쓰는구나. 좋은 글 아니다'는 생각 넘치지만, 담긴 뜻은 잘 보여요. 충남도지사 안희정이 휘두른 것보다 약한 위력으로 강간하더라도 죄가 된다는 거죠. 2018년 팔월 20일 검찰이 서울서부지방법원의 무죄 판결을 "납득하기 어렵다"며 항소한 것도 같은 까닭일 겁니다. 검찰 관계자가 "명백하게 (안희정의) 위력이 인정되고, 위력으로 간음한 것도 인정된다"고 말했다는 얘기도 들렸고요. "피해자는 공식 수행 업무부터 개인 모임 연락 등 사적인 수행까지 피고인 지시를 따를 수밖에 없는 을의 위치에 있었다. 피고인은 극도로 비대칭적인 지위를 이용해 수행 비서에게 맥주와 담배를 가져오라고 시킨 뒤 위력을 이용해 간음하고 추행했다"는 게 검찰 수사 결과입니다. 특히 "모든 것은 연애 감정에서 비롯된 것이라는 피고인의 주장은 권력형 성범죄자가 보이는 전형적인 인식"이라고 짚었죠.

김지은 씨는 안희정이 무죄라는 1심 판결에도 무너지지 않았습니다. "범죄자는 감옥으로, 피해자는 일상으로 돌아가는 초석 되도록 힘내겠다"며 "끝까지 싸우겠다"고 말했죠. 꿋꿋한 그에게 고마웠어요. 깬 사람 한데 모여 강간과 성추행과 성희롱 따위 없는 세상을 만들기 위해 할 일 찾아야겠습니다. 검사 출신 국회의원 금태섭은 2018년 팔월 17일 안희정 무죄 선고가 나오자 사회관계망사이트(SNS)에 "법이 여성들에게 한 모든 일, 그리고 법이 여성들에게 해 주지 못한 모든 일이 떠오르면서 솔직히 침을 뱉고 싶어진다"고 썼죠. 우리 침부터 뱉고 시작할까요. 퉤! 기울어진 세상과 못된 성범죄자에게. 2019년 이월 1일 서울고등법원 형사 12부(재판장 홍동기)는 무죄라던 1심을 깨고 안희정에게 '징역 3년 6개월' 동안 감옥에 있으라 했습니다. 법정에서 곧바로 감옥에 가게 했죠. 같은 해 구월 9일 대법원 2부(주심 김상환)이 "징역 3년 6개월"을 확정했고요. 안희정은 마흔 시간 동안 성폭력 치료 프로그램을 공부해 마쳐야 하고, 감옥에서 나온 뒤 5년 동안 어린이나 청소년이 있는 곳에선 일할 수 없습니다. 가냘프게나마 한국 법조에 올바른 도리가 서기 시작한 성싶네요.

2차 가해는 김지은 씨에게도 어김없이 쏟아졌습니다. "질투에 눈먼 불륜 여성"이라는 둥 "자기도 즐겨

놓고 갑자기 성폭행 피해자 코스프레(흉내 놀이)를
하면서 한 사람 인생을 망쳐 놨다"는 둥 바탕 없는 말
이 인터넷을 떠돌았죠. 하나하나 허투루 말한 책임을
무겁게 짊어지기를 나는 바랍니다.

5

벗어날
코르셋

불꽃 페미 액션

"삼십사, 이십사, 삼십사."

매우 오랫동안 한국 여성을 얽어맨 몸매 인치(inch)
죠. 가슴과 허리와 엉덩이 둘레가 34, 24, 34인치인 게
보기에 가장 좋더라는 건데요. 티브이와 신문과 인터
넷 따위에 둥둥 떠다니다가 눈길에 툭툭 채이고는 했
습니다. 특히 한국에서 가장 아름다운 여성을 뽑겠다
며 1957년 오월에 시작한 '미스코리아(Miss Korea) 선
발 대회'에서 마구 불렀죠. "삼십사, 이십사, 삼십사!"

라고. 비키니 입힌 여성을 무대에 세워 둔 채. 그 치수를 벗어나면 큰일이라도 날 것처럼. 지상파 티브이로 삼천리 골골샅샅 방송해 가며.

실제로 한국에선 1972년부터 케이비에스(KBS)나 엠비시(MBC) 같은 지상파 티브이로 미스코리아 뽑는 모습을 볼 수 있었는데요. 안방이나 거실에 온 가족 둘러앉은 채 '누구 몸이 더 34, 24, 34에 가까운지'를 견줘 보고는 했습니다. 아무런 걱정 없이 웃으며. 오죽하면 국립국어원이 낸 표준국어대사전에 '미스코리아'가 올랐겠습니까. (표준국어대사전에 '미스터코리아'는 없습니다.) '우리나라의 미혼 여성을 대상으로 한 미인 선발 대회에서 뽑힌 미인. 참가 자격은 18~23세의 한국 미혼 여성이며, 1955년부터 실시됐다'고 말뜻을 풀어놓았죠. 그만큼 '미스코리아 선발 대회'가 누구나 쉬 즐기는 방송프로그램이자 문화였던 겁니다. 고현정, 김성령, 오현경, 염정아, 이승연, 이하늬 등 이들처럼 미스코리아로 뽑힌 뒤 티브이 드라마나 영화에 얼굴 내민 사람이 늘면서 더욱 눈길을 모았고요.

처음엔 생각 없이 함께 웃고 즐겼으되 시간 흐르면서 조금씩 '이건 좀 아닌데, 뭔가 찜찜한데' 싶었겠죠. 브래지어와 팬티만으로 어물어물 덮어 버릴 수 없는 성차별 프로그램인 게 뚜렷했으니까요. 티브이 바라보다가 "삼십사, 이십사, 삼십사"라는 아나운서 외침에 마른침 삼키며 브래지어와 팬티마저 걷어 내고픈 마음이 솟고는 했을 텐데 그러다 옆에 앉은 딸이나 짝이 눈에 밟히기 시작했겠죠. 누이동생이나 누나가 겹쳐 보였을 수도 있겠고. 그 모습 떨어내려 절레절레 고개 흔든 사람 많았을 겁니다. 딸과 짝이나 누이동생과 누나가 벌거벗은 몸으로 티브이 카메라 앞에 놓여서는 삼천리 골골샅샅 누구나의 엉큼한 눈길 아래 놓이는 흐름. 쉬 웃고 즐길 일이 아니었을 겁니다.

남자는 그러나 움직이지 않았습니다. 여성이 목소리를 높였죠. 무슨 물건이라도 죽 벌여 놓은 듯 여성을 카메라 앞에 줄 세운 뒤 '34, 24, 34'에 견주는 게 몹쓸 짓인 걸 알았으니까요. 음. '미스코리아 선발 대회'를 없애자는 외침이 꾸준히 일자 눈치를 조금 봤던 건지 2004년부터 비키니 몸매 심사를 멈췄으되 대회를

벗어날 코르셋

139

끝내진 않았습니다. 대회에 나갈 여성에게 이른바 '사자 머리'를 해 주던 미용실, 대회에서 상을 탄 사람을 앞세워 화장품 같은 걸 더 팔려 한 기업, 시청률 높여 줄 얼굴 찾던 방송사 들이 새로운 '미스코리아'를 계속 바랐기 때문이었죠.

2018년 칠월 7일에도 서울 방이동 올림픽공원에서 같은 대회가 열렸는데요. 지난 2012년부터 비키니 몸매 견주기도 다시 시작한 터라 여러 남자 눈길 끝 '34, 24, 34' 또한 꾸준했죠.

한때 '34, 24, 34'는 로마 신화에 나온 '베누스—비너스'에게서 따온 몸매로 알려지기도 했는데요. 이른바 '여신(女神) 몸매'로 꾸민, 그러니까 보통 사람 몸과 동떨어진 거짓 그림입니다. 그런 게 남자 눈에 즐거운 몸틀로 자리 잡았으니 큰 문제죠. 이상한 틀에 자기 몸을 억지로 맞추기 위해 굶으며 애쓰는 여성이 많아 안타깝고.

음. 여신 같은 몸틀. 말도 안 될 거푸집. 여성에게 '형틀'처럼 덧씌워진 거. 결국 굴레요, 코르셋(corset) 입니다.

굴레를 벗고

사회학자 클로딘느 사게르는 <못생긴 여자의 역사> 166쪽에 "코르셋이 인류 역사에 출현한 것은 무려 기원전 1800년"이라고 썼습니다. 코르셋이 매우 오래전부터 쓰였다는 얘기일 텐데요. 기원후 1100년쯤 됐을 때 유럽에서 나온 '정조대'를 코르셋 가운데 하나로 보는 사람도 있죠. 정조대는 여성 생식기 둘레에 채우려고 쇠나 은으로 만든 자물쇠였습니다. 남자가 짝 생식기 둘레에 자물쇠를 건 뒤 열쇠를 들고 십자군 전쟁터에 나갔죠.

1500년대 프랑스에서 처음 나타났다는 주장도 있습니다. 그 무렵 코르셋은 여성 가슴을 위로 봉긋이 돋우되 허리가 가늘게 보이도록 도와주는 속옷이었죠. 고래뼈나 나무 같은 걸로 틀을 짰답니다. 때론 강철을 쓰기도 했다는군요. 어휴, 강철이라니 소름 돋아 온몸으로 찌르르 퍼집니다.

1850년쯤부터 유럽과 미국에서 코르셋을 찾는 사람

이 많아졌다죠. 1861년부터 1865년까지 미국에서 일어난 남북전쟁 때 이야기를 다룬 영화 <바람과 함께 사라지다> 속 스칼렛 오하라(비비안 리)가 코르셋을 입은 까닭일 겁니다. 오하라가 사랑하는 사람 앞에서 더욱 날씬해 보이려고 침대 기둥을 붙든 채 유모 매미(헤티 맥다니엘)와 함께 끈을 바짝 조이던 속옷이 19세기 코르셋인 거죠. 틀에 몸을 가둔 것도 모자라 한껏 조인 바람에 사람이 상하기도 했다는군요. 오래 쓰다 보면 몸을 곧추 세우는 근육이 약해져 코르셋 없이는 바로 설 수 없게 됐다는 겁니다. 끈을 너무 조이다 보니 숨을 제대로 쉬지 못해 정신을 잃거나 끝내 가슴속 뼈가 부러지기도 했고요. 이런 틀 안에 네댓 살 때부터 몸을 욱여넣어야 했다니 마음 아프고 가여워 뭐라 말해야 좋을지 도무지 모르겠습니다.

그나마 마음 차분해지는 건 좋은 흐름이 눈에 띄기 시작했기 때문. 2018년 유월 부산에 있는 한 중학교에서 깬 목소리 600여 개가 솟았죠. 흰 브래지어만 입으라는 학교 '바른생활규정'은 "자유권과 평등권 침해"라는 외침. "여성은 '브래지어'라는 속옷을 입을 의무가 없음에도 학생들에게 이를 입게 하는 것은 여성의 가슴을 '몸'이 아닌 '성적인 것'으로 보는 시선 때문"이라는 통찰. 학생에게 흰 브래지어만 입으라 했다는 몇몇 선생뿐만 아니라 세상 남자들의 여성 가슴으로 향하는 눈길이 불편하다는 지적.

인터넷, 예를 들면 유튜브 같은 곳에서도 세상과 남자가 바라는 '예쁜 여성 모습'을 스스로 떨치는 몸짓과 목소리가 잇따랐습니다. 하고 싶어서 한 게 아니라 남자들 시선에 예뻐 보이려는 화장 따위에 기대지 않겠다는 결심. "예쁜 것만이 정답인 사회가 아니라 모든 얼굴이 정답이라고 여겨지는 사회를 원한다"는 외침. 카메라 앞에 선 채 자신은 "예쁘지 않고, 예쁘지 않아도 괜찮다"며 "다른 사람 눈길 때문에 자신을 힘들게 하지 말고, 미디어 속 이미지와 나를 비교하지 마세요"라는 통찰. "무슨 행사가 있을 때에는 화장을 해야 한다는 게 거의 암묵적인 동의를 통해 하나의 규칙이 됐다"며 "학교는 엄청난 코르셋 집단이 됐다"는 지적.

이런 깨우침과 목소리 덕에 힘 얻는 사람 많을 겁니

다. 탈(脫). '그것을 벗어남'이라는 뜻을 더하려고 몇몇 낱말 앞에 붙여 쓰는 말. 많은 여성이 '탈코르셋'하기 시작했어요. 남자 눈 끝에 올려졌던 '34, 24, 34 틀'에 자기 몸 맞추려 애쓰지 않겠다는 마음가짐. 얼굴 곱게 꾸미기—화장—따위에서 스스로 벗어나려는 몸짓. 겉으로 드러난 모습을 두고 이러쿵저러쿵하는 걸 받아들이지 않겠다는 다짐까지. 짝짝. 마땅히 손뼉 쳐 북돋을 일입니다. 더욱 힘내시길.

대통령 앞 손흥민처럼

2018년 유월 24일 러시아 축구 월드컵 한국과 멕시코 경기가 끝난 뒤 대통령이 손흥민을 찾아가 달래 준 얘기가 여러 언론에 보도됐습니다. 멕시코를 이기지 못한 아쉬움에 울던 손흥민은 윗옷을 벗은 채였죠. 그곳이 땀에 젖은 옷을 갈아입는 방이었으니까.

정치 지향이 다른 몇몇 누리꾼이 축구 선수 옷 갈아입는 곳에 찾아간 대통령을 두고 시비하기도 했지만, 손흥민을 두고는 타박한 이가 없었습니다. 무더운 날 경기장을 90분 넘도록 애타게 뛰어다닌 그에게 "윗옷 입고 대통령을 맞이하지 그랬느냐"고 끼어들 만한 틈이 없었던 거죠. 축구든 농구든 경기장 라커룸은 땀 많이 흘려 곧 쓰러질 성싶은 선수가 숨 트고 몸 푸는 곳이니까요.

윗옷 입으라 마라 시비할 곳이 아닌 터라 손흥민을 편잔한 이가 없기도 했으되 사실 '그 모습을 그냥 그대로 바라본 사람이 대부분'이었습니다. 1960년대나 칠팔십 년대 아저씨인 양 아무 데서나 훌떡훌떡 윗옷 벗는 사람을 두고 보기 좋다 할 사람이 많지 않다손 치더라도 '손흥민처럼 벗은 걸'를 두고 눈살 찌푸리는 이는 없죠. 왜 그럴까요. 음. 손흥민이 남자여서 일 겁니다. 구태여 손흥민을 내세우지 않더라도 '윗옷 벗은 남자'를 두고 이러쿵저러쿵하는 사람은 드물게 마련이죠.

이쯤에서 시곗바늘을 3년쯤 뒤로 돌려 볼까요. 2016년 오월 7일로. 가수이자 배우인 설리가 빛깔 옅은 파랑 셔츠를 입고 누운 채 찍은 사진을 자기 사회관계망사이트에 올렸습니다. 셀카였죠. 한데 인터넷에서 엉뚱한 말다툼이 일어났어요. 설리가 셔츠 안에 브래지어를 입지 않아 젖꼭지가 볼록한 자취를 두고 입길에 올린 누리꾼이 나타난 겁니다. 거참 별나지 않습니까. 손흥민 젖꼭지를 두고 입길에 올린 사람은 하나도 없었거든요. 젖꼭지 드러난 것으로 치면야 손흥민이 더 적나라한(?) 것 아닙니까. 윗옷을 아예 벗은 채로 대통령은 말할 것도 없고 티브이 카메라 앞에 서기까지 했잖아요. 설리는 셔츠를 입었으니 발가벗은 것도 아니었고.

음. 3년 전 설리 젖꼭지 자취를 입길에 올렸던 이가 2018년 손흥민 맨젖꼭지를 보지 못했을까요. 아니, 이건 성차별. 남자 맨젖꼭지는 쳐다보지도 않으면서 여성 젖꼭지는 자취만으로도 거북해하거나 흘깃거리는, 차별. 뿌리 깊게 다져진 남자 중심 눈길이요, 생각입니다.

브래지어. 답답해하는 사람 많더군요. 가슴이 꽉 막힌 느낌이라는 거죠. 건강에 좋지 않다는 얘기도 들립니다. 때문에 브래지어를 입지 않는 여성이 있는데 그 모습을 불편해하는 남자가 있더군요. 뱀눈으로 노려보기도 하고. 음. 브래지어는 21세기 코르셋 아닐까요. 코르셋을 브래지어로 바꿔 그나마 여성 몸을 가볍게 했다고는 하되 굴레로 남은 건 여전한 듯합니다. 설리가 윗옷 안에 브래지어를 입지 않은 걸 두고 시끄러웠던 걸 보면 한국에선 확실히 그런 성싶어요. 브래지어를 꼭 갖춰 입어야 할 예복이라도 되는 것처럼 여기는 거잖습니까. 우습게도. 속 좁고 음탕한 남자 눈길 때문에 여성이 브래지어에서 벗어날 날이 아득해 보입니다. 화장을 예의로 여기는 것도 그렇고. 남자 눈길 거두고 생각 바꾸는 것부터 시작해야 할 듯싶네요. 속옷 하나 덜 입는 게 뭐 그리 대수롭다고 그 야단들인지, 나 이거야 원.

2019년 시월 14일 새벽. 설리가 갑작스레 떠났습니다. 티브이에 나와 "편안해서" 브래지어를 입지 않는 거고 "착용 안 한 모습이 자연스럽고 예쁘다는 생각을 많이" 하며, 브래지어는 "액세서리 같은 것"이라고 말할 때만 해도 씩씩해 보였는데 가슴속은 몹시 괴롭고 아팠던 듯싶어요. 대인기피증에 공황장애까지 겪었다죠. 함부로 한 말과 마구 내두른 자판 위 손가락

—악플—이 죄다 설리 가슴에 꽂힌 칼이 됐습니다. 차마 입에 담을 수 없을 당신의 말과 손가락 놀음이 사람을 괴롭히고 궁지로 몰아 죽게 한 셈. 음. 컴퓨터 자판 위에 손가락 올릴 때 숨부터 좀 가다듬어 주세요. 숨 끝에 생각도 좀 가다듬고. 당신 말이 사람 가슴에 꽂히는 칼일 수 있으니까.

21세기. 나무 따위로 만들어 마치 형틀 같았던 코르셋이 사라졌다지만 그 몹쓸 버릇은 여전합니다. 남자 눈에 쏙 들 몸매 좋는 것. 특히 여성 아이돌(idol) 몸이 본보기로 자리 잡았잖아요. 쌍꺼풀 있는 큰 눈, 높은 코, 브이(V) 자를 닮은 턱, 마른 몸매 큰 가슴 따위로. 옛날처럼 강철 코르셋에 얼마간 기대지도 못한 채 성형 수술과 굶어 죽을 듯한 다이어트로 본보기 몸에 가까워져야 한다니 끔찍합니다. 그 몸으로 티브이 먹방에서 '참 잘 먹는' 모습까지 보여 줘야 한다니 더욱 끔찍해요. 보이십니까. 남자가 좋아하는 몸틀 때문에 여성 아이돌이 자기 몸 괴롭히는 짜임새. 꼭 그 몸이어야 하는 줄로 알고 수많은 여성이 자기 몸 괴롭히는 거. 아픈데 억지로 웃는 거.

"여성 가슴을 해방시켜라." 솟구쳤습니다. "남자 가슴은 문제없고 여성 가슴만 음란물이냐"는 물음과 함께. "찌찌면 찌찌지, 찌찌가 별거냐"는 대답도 함께. 2018년 유월 2일 불꽃페미액션 외침. 서울 역삼동 페이스북코리아 건물 앞이었죠. 목소리 돋운 데 멈추지 않고 열 명이 윗옷을 벗었습니다. '내 가슴은 핏발 세운 남자 눈길 끝에 놓일 음란물이 아니'라는 걸 떳떳이 내보인 재미있고도 무거운 몸짓.

2018년 오월 26일 서울 영등포 하자센터 '2018 월경 페스티발'에서 이가현 씨가 윗옷을 벗은 채 찍은 사진을 페이스북에 올렸습니다. 그걸 글쎄 오지랖 넓은 페이스북이 '알몸이거나 성적 행위'라며 지워 버렸죠. 이가현 씨 사진과 몸짓에 어떤 뜻 담겼는지 묻지도 않은 채. 페이스북코리아는 2019년 칠월 1일에도 불꽃페미액션이 올린 '찌찌해방만세' 행사와 '천하제일겨털대회' 사진을 페이스북 보통 이용자가 볼 수 없게 막았습니다. 불꽃페미액션 쪽에 알리지도 않은 채. 페이스북의 이런 행위는 여성의 가슴이나 셔츠로 드러난 젖꼭지 자취에 눈 벌겋게 달구고 마른침 삼키는 몇몇 남자의 생각과 눈길에 다름없지요. 또 그런 생각과 눈길이 세상 곳곳에 널리 퍼졌음을 방증했고요. 이것이 바로 불꽃페미액션이 페이스북코리아 건물 앞에서 윗옷을 벗은 까닭이었겠고요. "여성 가슴은 음란물이 아니다. 아직도 남성 가슴은 페이스북에 버젓이 올라와 있다"는 불꽃페미액션 지적에도 페이스북코리아는 제대로 답하지 못했습니다.

"여자끼리 농구나 해 보자"며 모인 불꽃페미액션 회원 열 명이 세상에 내보인 가슴은 구속과 억압과 짐에서 벗어난 몸입니다. '천하 제일 겨(드랑이)털 대회'처럼 재미있고 꿋꿋한 움직임이 세상을 바꾸겠죠. 열이 백 되고 천 된 뒤 만과 억 될 겁니다. 세상 사람 거의 반이 여성이니까. 나머지 반쯤 될 남자도 생각 바꾸고 제대로 움직이려 애써야 할 겁니다. 세상이 고르고 판판해지도록.

"여성은 예뻐야 한다"는 생각에서 벗어나려는 사람이 많아졌어요. 화장품부터 버렸다죠. 꼭 얼굴을 곱게 꾸밀 까닭이 없으니까. 머리카락도 짧게 잘랐다죠. 꼭 긴 머리칼을 바람에 날릴 까닭이 없으니까. 팔다리 털을 뽑거나 깎아 없애지도 않는다죠. 그게 자기 몸 그대로니까. 겨드랑이 털도 그대로 둔다죠. 때론 일부러 팔을 번쩍 들어올려 겨드랑이 털을 내보이기도 하고. 그게 사람 몸 그대로니까.

세상엔 보기 좋은 몸만 있는 게 아닙니다. 보기 좋다는 몸도 현실과는 크게 동떨어졌어요. 그 헛된 틀을 무턱으로 좇으면 몸은 말할 것도 없고 마음마저 무너지고는 하죠. 마른 몸 아니어도 아름다운 사람 많습니다. 화장하지 않아도 사랑스러운 사람 넘치고. 짧은 머리칼이어서 아름다운 사람 많습니다. 털 보송보송해 사랑스러운 사람 넘치고. 알겠습니까. 우리 몸 그대로가 더욱 아름답습니다.

6

앞세울
페미니즘

힘차게 일어났다

"우리는 편파 수사를 규탄한다."

2018년 팔월 4일 오후 서울 광화문 앞마당에 울려 퍼진 4만5000여 여성 한목소리. 규탄(糾彈). 잘못이 나 옳지 못한 일을 잡아내 따지고 나무람. 여성 피해 자에겐 무던하고 남자에겐 재빨랐던 불법 촬영 사건 수사를. 편파(偏頗). 치우쳤음. 고루 올바르지 못하고 여성 쪽에 나쁘도록 치우쳐 있기에.

분노로 돋운 한목소리는 그날로 네 번째였습니다. 2018년 유월 4일 서울 혜화역 세 번째 시위에는 무려 6만 명(경찰 셈 4만 명)이 모였어요. 오월 19일 1만 2000명(경찰 셈 1만 명)이 첫 목소리를 냈고, 유월 9일 두 번째 집회에 2만2000명(경찰 셈 1만5000명)이 한데 모인 뒤였죠. 111년만에 찾아온 불볕더위에도 사람이 점점 늘었습니다. 화난 여성이 많다는 걸 방증했죠.

모인 사람 많았던 만큼 분노는 세차게 쏟아져 나왔습니다. "성차별 사법 불평등 중단하라"고. 2018년 오월 홍익대 크로키─빨리 그리기─수업 때 불법 촬영된 남자 모델 알몸이 인터넷에 퍼진 사건을 두고 경찰이 '12일' 만에 사진 찍은 안 아무개 씨를 붙잡아 가둔 걸 짚은 외침이었죠. 지하철 화장실 벽에 구멍 뚫어가며 여성 몸 몰래 찍거나 술과 약 따위로 정신을 잃게 한 여성 알몸을 찍어 인터넷에 올린 남자를 찾아내 잡아 가두던 빠르기와는 뚜렷이 달랐어요. 남자의 훔쳐보기 애욕으로 드글드글하던 '소라넷' 운영자를 붙잡는 데엔 '17년'이나 걸렸으니 두말할 게 있겠습니까.

판결도 무거웠습니다. 2018년 팔월 13일 서울서부

지방법원 형사6 단독 판사 이은희가 안 씨에게 "징역 10개월"이라 알리고 "40시간짜리 성폭력 치료 프로그램"을 공부해 마치라 했어요. 벌금 조금 내라 하거나 형벌 집행을 미루기 일쑤였던 법원이 달라진 거였죠. 실제로 한국여성변호사회가 내보인 '2017년 카메라 등을 이용한 촬영죄'에 물린 형벌을 보면 벌금 72%, 집행유예 15%, 선고유예 7.5%였습니다. 실형 선고는 5.3%에 지나지 않았죠. 경찰이 헤아린 바로는 2012년부터 2016년까지 5년 동안 불법 촬영 범죄가 2만6654건이나 일어났습니다. 이 가운데 여성 몸 몰래 찍은 게 2만2402건으로 84.04%에 달했죠. 남자 몸 찍은 건 600건으로 2.25%에 지나지 않았는데 그나마 남자가 다른 남자를 찍다가 붙들린 일이 많았다는군요. (나머지 13.7%인 3652건은 찍은 각도나 화질 때문에 성별을 알아볼 수 없었다고 하네요.) 2017년 일월과 팔월 사이에도 불법 촬영이 3914건이나 일어난 것으로 헤아려진 걸 보면 범죄는 참으로 꾸준한 듯합니다.

　이 지경이니 여성이 보기에 한국 사회는 '매우 크게 기운 운동장'이었을 겁니다. 남자 쪽 훔쳐보기 범죄를 가벼이 보는 경찰과 검찰과 법원. 오랫동안. 불볕더위 무릅쓰고 서울 혜화역과 광화문 앞마당에 모여 "사법 부도 공범"이라고 목소리 돋울 만한 거죠. "우리 일상은 너희 포르노가 아니"라며 화낼 수 있고. 얼마든지. 2019년 시월 30일 17년 만에 붙잡힌 '소라넷' 운영자 송 아무개에게 징역 4년이 확정됐습니다. 한국 검찰과 법원이 체면치레를 한 걸까요. 내 보기엔 아직 갈 길이 먼 것 같습니다.

음. 2018년 칠월 17일 경찰이 붙잡은 40대 남자가 저지른 범죄에 많은 눈과 귀가 쏠렸죠. 남자는 2014년부터 4년 동안 서울 서초구에 있는 모텔 세 곳 열일곱 개 방 안 티브이 아래에 카메라를 숨겨 두고 그곳에 묵은 사람들을 몰래 찍었다는군요. 그리 찍어 둔 파일이 2만 개나 됐다죠. 어쩌면 지하철 계단이나 화장실에서 여성 몸 몰래 찍어 두는 걸 즐기던 '당신'도 서울 서초구 한 모텔에 머물다가 알몸을 찍혔을 수 있겠습니다그려. 부디 '당신'에게도 "우리 일상은 너희 포르노가 아니"라고 외치는 여성 마음을 제대로 헤아려 볼 겨를이 있길 바랍니다. '당신'의 몰래카메라를 쓰레기통에 내버리길 바라고.

"우리는 임신 중단 전면 합법화를 요구합니다."

2017년 팔월 13일 서울 홍익대입구역 8번 출구 쪽 거리 마당에 울려퍼진 여러 여성 한목소리. 합법화(合法化). 법에 맞게 함. 여성 몸과 마음 아픈 것 헤아려 스스로 아이를 뗄 수 있게. 중단(中斷). 도중에 끊음. 여성을 무슨 '아기 자판기'로 여겨 가며 아이를 배고 품거나 끊을지를 알아서 정할 권리를 빼앗고 있기에.

목소리는 진즉 솟구쳤습니다. 2016년 시월 23일 서울 광화문역 둘레에서 첫 시위가 있었죠. 그달 초 폴란드 정부가 강간으로 밴 아이마저 뗄 수 없게 하는 임신 중단 전면 금지법을 만들려 했을 때 일어난 그 나라 여성의 검은 옷 시위를 본뜬 거였는데요. 그날 광화문역 둘레에 처음 모인 한국 여성도 그해 십이월까지 꾸준히 검은 옷 물결을 일으켜, 임신 중단 수술을 한 의사의 자격 정지 기간을 1개월에서 12개월로 늘리려던 정부 움직임을 멈추게 했습니다. 2017년 일월 6일엔 '가임(임신이 가능한) 여성'으로 불리기를 받아들이지 않겠다고 널리 말했고요.

블랙 웨이브(BLACK WAVE), 검은 옷 물결은 끈기 있게 이어졌죠. 2018년 유월 3일 서울 종각역 보신각 앞마당에 열세 번째로 모여 "여성은 아기 공장이 아니"라고 외쳤어요. 같은 해 팔월 25일에도 열여섯 번째로 모여 "나의 몸 나의 인생 나의 선택" 뜻을 거듭 다졌죠. 검은 옷 물결 뜻을 담은 '비웨이브(BWAVE)'라는 한동아리가 꾸준히 집회를 마련하고 땀 흘린 덕이었습니다.

낙태(落胎). '아이를 엄마 몸에서 나누어 떨어뜨리는 일. 또는 그 아이'라고 일컫던 말부터 쓰지 않기로 했더군요. 여성보다 아이에게 무게 중심을 둔 말이라서. 네, 옳습니다. 남자는 그동안 배 안에 아이 품은 여성 몸이 얼마나 아프고 망가지며, 마음마저 무거운지 몰랐어요. 느낄 수 없었죠. 짝 곁에서 조금이나마 느껴질 성싶어 손잡고 애달파한 건 사실 시늉에 지나지 않았습니다. 딱 손잡고 애달파한 그 자리 그 만큼에 멈추고 말았으니까요. 음. 얼굴 돌리고 만 거죠. 귀찮아서. 내 몸 아프고 무거운 게 아니었으니까.

몸져누운 채 결국 홀로 어금니 악문 여러 날 쌓인 끝에 여성이 일어났습니다. 더 이상 이대로는 안 되겠다고. 강간으로 생긴 아이를 왜 홀로 낳으며 내가 아파야 하느냐고. 뱃속 아이가 아픈데 왜 굳이 낳으며 나도 아파야 하느냐고. 낳아서 잘 키울 여유가 없는데 왜 홀로 낳으며 내가 아파야 하느냐고. 하던 일 멈추고 집으로 들어가 혼자 애 키우는 나는 대체 무엇이냐고. 특히 내가 그만두고 싶을 때 멈추고 싶다고.

생식(生殖). 낳아서 불림. 생식권(reproductive right). 낳아서 불릴 권리. 아이를 배지 않거나 품고 낳는 걸 스스로 정할 힘. 오로지 여성에게 있었어야 할 그 힘은 그동안 남자와 몇몇 종교가 빚은 가부장제 사회에 넘어가 있었죠. 그걸 되찾겠다는 목소리. 되돌려 달라는 외침. "임신 중단 전면 합법화"로 솟구쳤어요. 손뼉. 아이를 배고 낳을 힘 없는 남자는 두 손뼉 마주 쳐 힘낼 수 있게 도와야 옳습니다. 2019년 사월 11일 한국 사회도 임신 중단에 씌웠던 죄 꺼풀을 걷어 냈죠. 헌법재판소가 헌법에 맞지 않는다고 봤어요. 임신 중단을 법령이나 규범에 맞는 일로 바꾼 것. 손뼉. 한데 모여 한목소리 낸 여러 여성께.

　안미선은 <여성, 목소리들> 17쪽에 '은민' 이야기를 전했는데요. "남자 친구가 피임을 하지 못했다고 일러 줬을 때 은민은 침대에서 내려와 여관방 구석에 한동안 쭈그려 앉았다. 이제 오롯이 자기 몸의 문제로 돌아와 책임을 져야 한다. '이제 너 어떻게 할래?' 하는 눈으로 남자 친구는 은민을 쳐다봤다. 그 시선을 피해 그녀는 더 단호한 자세로 일어났다. 이런 상황에서도 파트너의 감정을 고려하고 되레 위로해 주면서 당당한 척 굴어야 한다는 게 짜증이 났다"는 겁니다. 마땅히 져야 할 짐을 꺼린 자. 그걸 되레 달래 준 은민. 여러 여성 삶에 맺혀 사무쳤을 얘기 아닐까 싶네요. <여성, 목소리들> 34쪽엔 놀란 '유나'도 있습니다. "유나가 놀란 것은 무엇보다 성관계에서 피임을 하지 않는 경우가 생각보다 아주 많다는 점이었다. 여성들은 제대로 된 피임을 남자에게 요구하지 못했고 남자들 또한 피임은 자기 책임이 아니라고 여겼다"지 뭡니까. 한국 사회는 오래도록, 그리고 지금도 마찬가지로 '여성 목소리'에 귀 기울이지 않았습니다. 부러 귀 막기도 했고. 피임을 무겁게 여기지 않는 걸 무슨 특권인 양 여긴 남자도 많았던 터라 이루 다 말할 수 없이 미안하네요. 부끄럽고. 편하지 않아 조마조마한, 하여 두려운 '여성 목소리'를 새겨들어야 할 까닭이 차고 넘치는 한국 사회. 우리 함께 생각 새로 다질 때입니다.

오죽하면 거리에 섰으랴

1975년 시월 24일. 아이슬란드 여성이 모든 일손을 놓은 날. 일터 노동은 말할 것도 없고 집안일까지 멈췄죠. 파업이었습니다. 총파업. "우리가 멈추면 세상도 멈춘다"고 외쳤다는군요. 케서린 메이어가 <이퀄리아> 450쪽에 쓴 걸 보면 "집회 군중은 레이캬비크로 몰려들어 외이스튀르뵈들뤼르 광장에 집결"했고 "아이슬란드 여성의 90퍼센트가 이날 파업에 참여"했습니다.

나라 여성 열에 아홉이 한데 뭉친 파업. 대단한 움직임과 목소리. 힘. 아이슬란드에 성차별 없이 고르고 판판한 고용법을 만든 바탕이 됐죠.

 2018년 삼월 8일. 세계 여성의 날. 스페인 여성도 "우리가 멈추면 세상도 멈춘다"고 외쳤습니다. 남자 노동자를 포함한 530만여 시민이 두 시간 동안 거리로 나선 동맹 파업. 거리에 쏟아져 나온 사람들은 여성에게 고르고 판판하지 못한 사회와 성폭력에 반대한다며 목소리를 돋우었죠. 일손 놓은 530만여 명과 뜻을 함께한 사람들 덕에 열차 300편이 움직이지 않았고, 아파트 난간에 앞치마가 내걸리기도 했어요. 눈길 끈 움직임이자 귀 솔깃한 외침이었습니다. 솟구친 목소리는 스페인 내각 짜임새를 바꿨어요. 2018년 유월에 총리가 된 페드로 산체스가 세계 여성의 날 파업 때 치솟은 목소리를 헤아려 내각을 짰다고 밝힌 겁니다. 실제로 부총리와 국방장관을 비롯한 열한 자리를 여성으로 채웠죠. 열일곱 장관 자리 가운데 열한 개였으니 64.7%. "정부가 사회주의적이고 성평등을 이룰 것"이라고 약속하기도 했고요.

 한국에도 좋은 흐름이 이어졌습니다. 2018년 유월

19일 '여성소비총파업' 움직임이 일었어요. 같은 해 칠월 1일부터 다달이 첫째 일요일마다 모든 소비를 멈춰 힘을 내보이려는 거였죠. "노동 주체는 소비 주체, 우리는 주체"라는 외침과 함께. 아이슬란드처럼 모든 일손을 놓는 움직임까지 일지는 않았지만, 이런 흐름이라면, 서울 지하철 혜화역과 광화문역과 홍대입구역과 종각역 둘레에 서린 분노라면 곧 더욱 힘찬 외침이 터질 성싶네요. 한국 여성이 모든 일손을 놓았을 때 어떤 일이 벌어지는지를 알게 할 날도 있을 테고.

거리에 서는 건 늘 두렵습니다. 곁에 함께 선 사람이 있더라도 혹시 일이 틀어져 내가 경찰에게 붙들려 가지나 않을까 걱정되죠. 경찰도 집회·시위에 관한 법률이 어쩌고저쩌고해 가며 사람들 마음 틈새에 파고들어 두려움을 키워요. 음. 경찰이 군대로 바뀔 수도 있습니다. 기무사령부가 2016년 서울 광화문 마당에 촛불 들고 나선 시민을 계엄령으로 짓밟으려 했던 것처럼. 전두환이 기무사령부를 앞세워 1987년 6·10 민주 항쟁을 위수령과 계엄령으로 짓밟으려 했던 것처럼. 전두환 패거리가 1980년 광주 시민을 총칼로 짓

앞게줄 삐미춤

밟은 것처럼.

두려움 뚫고 선 거리. 말할 자유가 있는 마당. 막힌
숨 트는 곳. 오죽했으면 덥거나 춥고 눈비 내리는 그
거리 마당에 나섰겠습니까. 거듭 말했음에도 듣지 않
으니 가슴 답답한 사람들 모이고, 모여서는 어깨 걸고
한목소리로 외치는 거죠. 음. 꼭 있어야 할 마당이요,
꼭 있어야 할 시민입니다.

그걸 보되, 보고 들으며 생각하되 허투루 헐뜯지는
맙시다. 이것저것 꼼꼼히 짚어 지적할 수 있겠으되 무
턱으로 욕하지는 말아야죠. 들여다보고 귀 기울여 보
세요. 왜 불법 촬영 수사가 한쪽으로 치우쳤다 말했는
지. 왜 임신 도중에 멈추는 걸 법 테두리 안에 담으려
했는지. 왜 소비를 멈춰 힘을 내보이려 했는지.

벽보 찢는 나쁜 손

"나는 페미니스트 서울시장 후보입니다."

2018년 6·13 전국동시지방선거에 나섰던 신지예 녹

색당 후보. '페미니스트 서울시장'이라니. 깜짝 놀란 사람 많았던 듯합니다. 놀랄 일 아니었음에도. 선거 벽보를 찢는 나쁜 손이 있었어요.

서울 강남구와 동대문구를 비롯한 일곱 개 구에서 신지예 후보의 벽보가 스물일곱 차례나 못 쓰게 됐죠. 강동구와 서대문구와 구로·영등포구와 노원구. 서울 동서남북 어느 한곳 빠짐없이 망가진 벽보가 나왔습니다. 벽보를 찢는 데 멈추지 않고 담뱃불이나 칼로 얼굴 사진에 구멍을 내 '혐오'를 드러내기도 했어요. 인권을 지키는 데 애써 온 것으로 알려진 한 변호사가 "1920년대 이른바 계몽주의 모더니즘 여성 삘이 나는 아주 더러운 사진을 본다. 개시건방진. 나도 찢어 버리고 싶은 벽보다. 그만하자. 니들하고는"이라고 말하기도 했습니다. 이른바 인권 변호사가 내보인 난데없는 여성 혐오에 여러 시민이 크게 놀랐죠.

서울 강남구 대치동 일대에서 신지예 후보 벽보를 스무 번이나 망가뜨린 서른 살 먹은 남자. "여성들이 잘나가면 취업이 어려워질 것 같아" 나쁜 손을 놀렸다더군요. 음. 이건 신지예 후보는 말할 것도 없고 모든 여성을 으르고 협박한 듯했습니다. 선거에 나온 후보가 여러 시민 뜻을 등에 업고 있는 걸 헤아리면 그는 수많은 서울 시민 얼굴을 찢은 셈이죠. 나아가 민주 시민 뜻 한데 모아 치르는 선거 제도를 짓밟은 것이고.

한 누리꾼은 인터넷 댓글로 "(신지예 후보) 가슴을 칼로 도려내겠다"고까지 썼습니다. 이 사람들, 신 후보 말에 귀 기울이거나 선거 공약을 들여다보기는 했을까요.

신 후보는 여덟 가지를 내세웠습니다. "서울부터 성폭력 성차별 아웃." 별나거나 색다른 얘기입니까. 아니죠. 성범죄 없애고 고르고 판판한 서울을 만들겠다는데 별날 리 없습니다. 색다를 리 없고. "여성의 임신 중지 권리를 보장하는 서울." 바라지 않는 임신을 도중에 멈출 권리. 마땅히 여성에게 있으니 이 또한 별날 리 없습니다. "일터에서도 평등한 서울"과 "혐오와 차별을 없애는 서울." 그 누구에게든 고르고 판판하고, 누굴 싫어해 미워하거나 따돌리지 않는 삶터. 색다를 리 없습니다. "눈치 보지 않고 미세 먼지에 대응하는 서울"과 "빌려쓰는 자들을 위한 서울"과 "비인간 동물과 공존하는 서울"도 매한가지. 선거 벽보가 찢겨 더러운 물 흘러내려 가는 도랑에 처박힐 만한 얘기가 아닙니다.

굳이 듣거나 보기 싫다면 숨 가다듬고 돌아서 '표 주지 않으리라' 마음 다지면 그만이겠죠. 혹시 하고픈 말 있다면 인터넷에 몇 자 적어도 좋겠고요. 욕 같은 건 하지 말고 점잖게. 잘 알아들을 수 있는 말로. 그럼 누구나 '당신 뜻'을 잘 알아들을 겁니다. 민주주의 이루려 한데 모여 사는 사람들 말 주고받는 흐름이 본디 그렇죠. 음. 한국 시민이 '누구나 한 표인 보통선거제'에 뜻 모은 까닭을 곰곰 되새겨 보고, 벽보 찢는 나쁜 손 멈추시기 바랍니다. 꼭.

'당신이 그토록 싫어한' 신지예 후보는 8만2874표를 얻었습니다. 득표율 1.67%. 서울 시민 백에 한 명 반쯤이 '페미니스트 시장'을 바랐다는 얘기. 적나요. 네, 적죠. 261만9497표를 얻어 득표율 52.79%를 기록

앞세운 페미니즘

한 박원순 당선자와 견주면 뚜렷이 적습니다. 하지만 8만2874표에 맺힌 서울 시민 8만2874명 뜻은 무거워요. 매우 귀중하고. 세계 모든 사람—인종과 계급—가운데 가장 오랫동안 정치·경제·사회·문화로 짓눌린 여성이 모든 굴레를 벗고 누구나에게 고르고 판판한 세상에서 함께 웃으며 잘살기를 바라는 마음이 가득하죠. 마음이 빚어낸 아름다운 몸짓, 투표. 고스란하고. 8만2874표. 올곧게 고르고 판판한 한국 사회를 만들어 갈 바탕입니다. 소중한 씨앗.

여성이 '고르고 판판한 세상 씨앗'에 힘을 보태기 시작한 건 그리 오래되지 않았죠. 보통선거. 돈을 얼마나 가졌는지, 앉은 자리가 높은지, 남자인지, 배우고 익힌 게 많은지 따위를 가리지 않고 다 자란 사람이라면 누구나 한 표 던질 수 있는 체계에 여성이 함께한 게 얼마 전이란 얘깁니다. 125년 전인 1893년 뉴질랜드 여성이 처음 투표했으되 오스트레일리아 1902년, 핀란드 1906년, 노르웨이 1913년, 덴마크와 아이슬란드 1915년, 러시아 1917년, 캐나다와 독일 1918년, 미국 1920년으로 이어지기 전까지는 표를 던질 권리가 없었죠. 영국 1928년, 스웨덴 1931년, 브라질 1932년, 터키 1934년, 필리핀 1937년, 프랑스 1944년, 이탈리아 1945년으로 늘어졌고요. 음. 우에노 지즈코가 쓴 <위안부를 둘러싼 기억의 정치학> 39쪽을 보면 1925년 일본에서 '보통선거법'이 처음 마련됐을 때 투표할 수 있는 '일본 신민 남자'에는 일본에 살던 조선과 대만 남자도 포함됐습니다. 다테 카오루는 이를 가리키며 "일본 보통선거의 경우 젠더 규범은 계급, 민족 규범 이상으로 강하게 작용했다"고 봤죠. 말하자면 일본 "보통선거법이란 남성들 간에 계급과 민족을 넘어선 평등한 공동성을 내세우는 대신 여성의 참정권을 부인한 법이었다"고 우에노 지즈코가 풀어냈고요. 일본 여성은 그때 이른바 '식민지 이류 국민'으로 여긴 조선·대만 남자보다도 못한 처지였던 겁니다.

일본은 1946년에야 보통선거다운 선거를 시작했고 중국 1947년, 벨기에와 한국 1948년, 그리스 1951년, 멕시코 1953년, 통가 1960년, 이란 1963년으로 이어졌죠. 믿기지 않지만 스위스가 1971년에야 시작했고 요르단 1974년, 서사모아 1990년으로 늘어졌습니다. 더욱 믿기 어렵지만 카타르가 1999년에야 처음 보통선거를 치렀고 바레인 2002년, 오만 2003년, 쿠웨이트 2005년, 아랍에미리트 2006년으로 처졌죠. 더욱더 믿기 어렵지만 사우디아라비아는 2015년 십이월 12일에야 여성이 표를 던질 수 있었습니다. 그날 기쁜 나머지 울며 투표한 여성이 많았던 걸로 전해졌죠. 음. 사우디아라비아. 2015년 십이월에야 보통선거를 처음 치른 나라. 2018년 유월 24일에야 여성에게 운전 면허를 내준 나라. 아직도 갈 길 먼 듯합니다. 참으로 안타깝네요.

신지예 후보는 2016년 국회의원 선거에 나섰을 때 "여성 정치인이 여성 정책, 성 평등 정책을 이끌어 나가고 여성의 목소리를 스스로 내야 한다"고 말했답니다. "여성이냐 남성이냐가 중요한 게 아니라 모든 젠더들이 차별받지 않는 사회를 만들어 가는 게 중요하다"고 말하기도 했다고 2018년 유월 16일 자 <한겨레>가 전했더군요. 2016년 총선에서 뽑히지 못했고, 그사이 그다지 바뀐 게 없다고 느꼈는지 2018년 전국지방동시선거에 다시 나서며 "정치인이 돼 당신의 권력을 부수러 돌아왔다"고 말했죠. 한국에 성폭력 널리 퍼진 나머지 "이제 말하지 않고는 견딜 수 없다"고 했고요. "임금 차별, 유리 천장, 낙태죄, 생리 혐오, 성폭력, 가부장제 억압은 개인만의 것이 아닙니다. 사회적인 문제이자 정치적인 문제"라고 짚기도 했습니다. 조금도 틀리지 않고 딱 알맞게. 한국 여성에게 씌워진 여러 굴레를 정치 문제로 봤죠. 정치(政治). 나라 다스릴 힘을 갖고 그대로 버티며 쓰는 것. 말하지 않고는 더 이상 견딜 수 없어 이제야 말하기 시작한 여러 여성이 힘을 가지려 한데 모이는 것. 시민이 사람다운 삶을 꾸려 나가게 하듯 여성 삶 북돋우는 것. 서로 다른 생각을 한뜻 되게 이끌어 내듯 잔뜩 꼬여 틀어진 남자 몇몇을 깨우치게 하는 것. 임금 차별과 유리 천장 따위처럼 어그러진 사회 질서를 바로잡는 구실을 하는 것.

음. 케서린 메이어는 <이퀄리아> 93, 94쪽에 "(힐러리) 클린턴은 50피트 우먼의 돌격을 지시할 만반의 태세를 갖춘 지도자 같아 보였지만, 역사는 잘 알려진 전례를 되풀이했다. 여성들은 성큼성큼 잘 걸어 나가

앞세운 페미니즘

173

는 듯하다가도 결국 물러나고 만다. 이런 상황을 통해서 우리는 단지 성 평등을 확대하기 위해서뿐 아니라 여성의 권리와 보호책을 지키기 위해서도 싸워야 한다는, 가장 시급하고 확실한 교훈을 얻을 수 있다"고 썼습니다. 같은 생각 가진 사람 많을 듯하네요. 물러나지 않고 싸워야 한다는 거. 꾸준히. 2018년 한국 국회에선 잇따른 "나도 당했다—미투(MeToo)"에 놀랐는지, 아니면 놀란 시늉이라도 하는지 성범죄 책임을 더 무겁게 하자는 법안이 130건쯤 발의됐습니다. 뚜렷하게 뜻을 같이하지 않은 채로 맺은 성관계를 죄로 보고 책임을 묻는 '비동의 간음죄'와 일에 얽힌 위력을 써 강간한 죄 등을 새로 만들자는 건데요. 이게 글쎄, 게으르고 이리저리 눈치 보기 일쑤인 국회의원 몇몇 때문에 제대로 이뤄진 게 없습니다. 그 덕(?)에 옛 충남도지사 안희정의 위력 강간 사건을 다룬 1심 재판부는 관련법이 없어 죄를 묻기 어렵다는 핑계를 얻었죠. 하기 싫어 말한 "노(No)"는 '노(No)'를 뜻하니 억지로 성관계를 맺으면 죄를 물어야 한다거나 "예스(Yes)"라고 말하지 않았는데 몸 움직이면 강간으로 보는 법이 국회를 넘어서지 못했으니 안희정을 무죄로 볼 수밖에 없었다는 거예요. 음. 게으르고 눈치 보기나 일삼는 몇몇 국회의원, 종이에 쓰인 법이 없다는 따위 핑곗거리 찾는 몇몇 판사, 나는 여전히 무죄니 운이 좋다며 마른침 삼키는 몇몇 성범죄자들. 한국 여성 눈앞에 닥친 벽입니다. 벽 높고 단단하다고 물러서면 제자리에 서 있던 것보다 못할 거예요. 더 바라볼 게 없게 돼 모든 생각과 움직임을 끊을 수도 있겠죠. 그리 흩어지면…, 흔들려도 "……."

2018년 팔월 28일 좋은 흐름이 보였습니다. 한국사이버성폭력대응센터와 녹색당과 불꽃페미액션이 청와대 앞에 모여 "정부는 웹하드 카르텔과 디지털 성범죄 산업을 특별 수사하라"고 외쳤어요. 같은 해 칠월 29일부터 한 달간 청와대 국민 청원 '웹하드 카르텔과 디지털 성범죄 산업에 대해 특별 수사를 요구한다'는 데 모인 시민 20만8543명의 뜻을 널리 알리는 자리였죠. 경찰은 한 달 만인 구월 27일 음란 사이트를 운영하거나 불법 촬영한 사진 따위를 인터넷에 퍼뜨린 1012명을 붙잡은 뒤 63명을 잡아 가뒀어요. 발빠른 경찰 수사와 구속 체계가 꾸준히 이어질 수 있게 쉼 없이 지켜볼 일입니다. 씨가 마를 때까지.

21만여 시민 뜻 들고, 성(性) 평등 세상을 위해 땀 흘리는 여러 단체가 한데 모여 목소리 돋운 모습에서 나는 밝은 미래를 봤습니다. 더 많이 모이면 세상이 빨리 바뀌겠죠. 그리 움직였기에 서울고등법원 형사 12부(재판장 홍동기)가 무죄라던 1심을 뒤집어 안희 정에게 "징역 3년 6개월"을 선고하고, 대법원 2부(주 심 김상환)가 이를 확정할 수 있지 않았겠습니까. 시 민 힘 덕분이었다고 나는 봅니다.

군대, 자랑삼아 세력 부릴 일 아냐

"모든 국민은 법률이 정하는 바에 의해 국방 의무 를 진다."

헌법 제39조 1항을 소리 내 읽어 봤습니다. 끄덕끄 덕. 쉬 알아들을 얘기죠. 한국 국적을 가진 시민이라 면 누구나 마땅히 나라를 지키는 데 힘을 보태야 한다 는 뜻이니까. 한데 갸우뚱. 뭔가 좀 께름칙하지 않나요. 음. 혹시 보이십니까. '모든 국민.' 나라 지키는 걸 반드시 해야 할 일, 즉 의무로 삼는 '한국 국적을 가진 시민 누구나' 말입니다.

한국 군대엔 누가 가나요. 대개 남자만 가는 걸로 알고들 있죠. 헌법이 말하는 '국방 의무'를 남자만 짊어지는 겁니다. '법률이 정하는 바'를 살펴봐도 마찬가지. 병역법 제3조(병역의무) 1항 '대한민국 국민인 남성은 헌법과 이 법에서 정하는 바에 따라 병역 의무를 성실히 수행해야 한다. 여성은 지원에 의해 현역 및 예비역으로만 복무할 수 있다'고 정해 뒀죠. 남자는 '의무'인데 여성은 '지원'에 따른 직업 노동인 것. 거꾸로 되짚어 보면, 결국 헌법 제39조 1항이 말하는 '모든 국민'에 여성은 없습니다. 오랫동안 별생각 없이 헌법에 '모든 국민'이라 써 두고는 여성을 받아들이지 않고 물리친 셈. 한국 사회에 깊이 내린 성차별 뿌리 가운데 하나라 하겠죠. 실제로 '모든 국민 가운데 하나로서 병역 의무를 맡아 하려고' 나선 여성이 있더라도 한국 군대에는 이를 받아들일 틀과 질서와 설비 따위가 없습니다.

불쑥 군대 이야기를 한 건 그동안 여러 남자가 '병역 의무'를 무슨 집안에 전해지는 보물 칼이라도 되는 양 자랑삼아(?) 세력을 부리곤 했기 때문. "너흰(여성) 군대 안 가잖아. 잠자코 있어"라고 이죽거리기 일쑤였죠. 누구에게나 고르고 판판한 삶—평등—을 두고 생각 주고받다가 말문 막히니 '군대'라도 무턱으로 내미는 까닭을 헤아리지 못할 바 아니지만, 남자끼리 그리 따로 뭉쳐 세력 부릴 일은 틀림없이 아닙니다.

음. 군대가 왜 생겨났을까요. 750만 년 전쯤 걷기 시작한 사람 둘이 짝을 이루고 아이가 태어나 가족이 된 뒤 들판에서 짐승이나 다른 걷는 자와 맞닥뜨리곤 했겠죠. 매우 오랫동안. 남자는 살아남으려고, 특히 자기 유전자를 품은 아이를 지키기 위해 돌도끼 들고 앞으로 나섰을 겁니다. 여성보다 힘이 좀 더 붙는—더 낫다는 게 아니라 그저 쓰임새가 그런—근육을 가지고 있었으니까. 아기를 함께 키우고 새 아이를 다시 밸 수 있는 여성도 마땅히 지켜야 할 사람이었고요. 매우 오랫동안. 지킬 사람을 뒤쪽에 두고 남자가 앞으로 나서 싸운 일과 새 아이 만들기가 거듭되다 보니 작은 겨레붙이를 이뤘을 겁니다. 다른 겨레붙이와 다툰 뒤 합치거나 처음부터 웃으며 손잡기도 하다 보니 어느새 무리 크기도 커졌을 테죠. 매우 오랫동안. 서로 핏줄이 이어지지 않았거나 흐릿하면서도 한 겨레붙이처럼 지내는 사람들이 많아진 뒤 남자는 지켜야 할 게 더 많아진 걸 깨달았을 겁니다. 짝과 아이는 말할 것도 없고 함께 사냥하고 농사짓다 보니 쌓인 먹을거리, 특히 한 겨레붙이가 다 먹고도 남은 것까지 지켜낼 힘과 틀이 있어야 한다고 느꼈겠죠. 매우 오랫동안. 먹을 만큼만 알맞게 얻고, 혹시 남는 게 있으면 다른 겨레붙이에게 나눠 주는 삶이 더욱 좋다는 걸 진즉 깨달았다면야 사달이 날 리 없었을 겁니다. 한데 그놈의 욕심. 힘셀수록 더 많이 빼앗아 차지하려는 마음. 다른 겨레붙이가 가진 걸 빼앗을 때엔 홀로 맞설 수 없으니 자연스레 한 겨레붙이 남자들이 무리를 이뤄 청동검을 들었겠죠. 그게 '군대' 씨앗이었을 겁니다. 다른 겨레붙이 물건을 탐하는 마음이 더욱더 커지다 보니 '나라'라고 부를 만한 큰 무리가 쇠칼 들고 청동검을 부러뜨리기 시작했을 테고요. 그 무렵이 아마 육칠팔천 년 전쯤일 겁니다. 750만 년과는 도무지 맞댈

수 없는 짧은 시간 동안 남자들이 크게 이룬 무리. 군
대. 탐욕에 뿌리를 둔 힘자랑.

지난 육칠팔천 년 동안 남자가 쇠칼이나 총 들고 다
른 나라 깨뜨리며 힘자랑하는 삶을 결정할 때 여성
도 그리하자 뜻 모았겠습니까. 아니, 거의 다 남자 무
리 마음대로였죠. 나라 정치가 남자 무리 마음대로였
으니까. 여성을 '아기 자판기'처럼 다루다 못해 정조
대를 채운 뒤 전쟁터에 나갈 지경에 이르기도 했어요.
하여! 군대 다녀왔거나 갈 걸 두고 여성 앞에서 자랑
삼아 세력 부릴 일 아니라고 나는 거듭 말씀드립니다.

음. 1989년 오월 31일부터 1991년 팔월 1일까지 나
도 군대에 있었죠. 한국군. 졸병 때 나는, 하라는 대로
하고 그저 시키는 대로 움직이며 억눌리다 못해 업신
여김을 받았습니다. 1989년 어느 여름날 직업 군인이
던 선임하사가 난데없이 나를 손가락 끝에 올려 놓으
며 "쟤, 대학에서 데모하다 왔어"라고 말하자 소대 하
사 박 아무개가 내 마음 툭, 툭, 건드려 가며 몸 힘들
게 했죠. 얼차려라고 말할 수 없는 괴롭힘. 다른 사람
모두 쉴 때에도. 나는 아무 말 못한 채 "저, 데모 안 했

습니다"라고 말할 수 없고, "했습니다"라고 말할 수
도 없는, 달리 뭘 어찌할 수 없는 박 아무개 질문과 이
죽거림에 어물어물하며 삐질삐질 진땀 흘렸어요. '아,
나는 지금 사람이 아니구나!'

누군가는 그걸 "시집살이"라 일컫기도 하더군요.
못된 시어머니 노릇은 선임하사와 박 아무개 같은 자
가 했겠죠. 음. 나는 한 번에 스무 발씩 총알 튕겨 내
고 네댓 발씩 박격포 고폭탄 쏘아 대며 화약 냄새를 2
년 넘게 마셨습니다. 사람 죽일 때 쓰일 냄새. 스물한
살짜리 말랑말랑한 머리와 몸 가졌던 나는 그걸 끝내
물리치지 못했죠. 하라는 대로 하고 그저 시키는 대로
움직이다가 꼭 거기 있으라 한 시간―병역 의무―만
큼만 채우고 나왔어요. 그사이 생때같은 젊은이가 부
대 연병장에서 죽어 나간 걸 봤고, 한 젊은이가 나를
비롯한 생때같은 졸병 여럿을 엎드려뻗치게 한 뒤 등
을 야전삽으로 내리치는 걸 느끼기도 했죠. 그리 때릴
줄 몰랐던 나는, 첫 때림에 덜컥, 가슴에 걸린 숨을 오
랫동안 트지 못해 '이러다 죽겠구나' 싶었고요.

음. 1949년 팔월 독재자 이승만이 병역법을 처음 만

들어 젊은이를 군대에 끌어가기 시작한 뒤로 한국은 꾸준히 "60만 대군"쯤을 이어왔습니다. 해마다 60만여 생때같은 젊은이가 삐질삐질 땀 흘리고 야전삽으로 맞아 가며 마음마저 짓밟힌 거죠. 젊은이를 이삼 년씩 60만 명이나 군대에 가둬 둔 건 장군 머릿수 때문으로도 헤아려졌습니다. 장군마다에 걸맞을 병졸 수를 채우다 보니 오랫동안 60만 명으로 묶어 두게 된 거예요. 한때 69만 명에 닿기도 했죠. 문재인 정부가 2018년부터 2022년까지 4년간 436명인 장군을 360명으로 76명쯤 줄이기로 한 게 그동안 쓸데없이 많았던 별(장군) 수를 방증합니다. 수십 년 동안 병졸 머릿수에 기대어 온 쳇바퀴를 마냥 돌린 거죠, 뭐. 많이 생각하지 않고 게을렀던 거예요. 머릿수가 23만여 명에 지나지 않은 일본 군대가 한국군보다 훨씬 센 까닭 같은 걸 제대로 짚어 보지 않았습니다. 오랫동안. "60만 대군" 붙든 채. 21세기 들어 한국군 수가 50만 명쯤으로 줄었고, 장군 줄어드는 만큼 더 적어질 흐름인 건 그나마 잘된 일이죠. 1990년대부터 징병제를 없애기 시작한 유럽 여러 나라와 오래전부터 모병제를 굴린 미국처럼 한국군도 지금과는 다른 체계를 먼저 찾아야겠습니다.

그 뒤엔? 군대를 아예 없애야죠. 앞서 말했듯 군대
는 남자들 '탐욕에 뿌리를 둔 힘자랑' 때문에 '잘못 들
어선 길'이니까. 지난 육칠팔천 년 동안 그 길 더 다지
다 못해 지구를 통째로 망가뜨릴 지경에 닿은 것도 큰
잘못이고요. 힘 모아 깨뜨릴 건 지구가 아니라 '군대'
와 '불평등'입니다. 당신 가슴속에 평화를. 제발

평등 깃발 세우며

사람이 먹을 만한 걸 찾아 얻거나 캐거나 사냥하던
때엔 하루 두세 시간쯤 움직이는 것으로 넉넉했다죠.
잠잘 곳을 마련할 때에도 마찬가지였고. 어디서든 먹
고 잘 일이 그다지 어렵지 않은 터라 한 동아리가 한
꺼번에 몸을 짧게 움직인 뒤 오랫동안 쉬며 사랑할
수 있었을 겁니다. 동굴 벽에 그림 같은 것 그려 가며.
팔다리 넷을 모두 써 이리저리 옮겨다니던 유인원
이 두 다리로 걷기 시작한 500만 년 전쯤으로부터
499만 년을 그리 살았을 거예요. 먹을 것 쉬 구해 고

루 나누고 사람 사이를 갈라 나누지 않은 채. 그야말로 한 무리로 살았다는 거죠. 한데 1만 년 전쯤 땅에 씨를 뿌려 뭔가를 기르고 거둘 줄 알게 된 뒤로 흐름이 달라졌습니다. 배불리 먹고도 먹을거리가 남기 시작한 거예요.

남은 건? 모아 간직했겠죠. 잘 간수하다 보니 좀 더 넉넉히 쌓였을 테고. 쌓인 건? 죽을 때까지 다 먹지 못할 듯싶으니 같이 살던 겨레붙이에게 넘겨야 했을 겁니다. 그 무렵부터 한 무리로 살며 너나없이 고루 사랑하던 사람 삶 짜임새가 바뀌기 시작한 걸로 보여요. 땅에 씨 뿌려 기르고 거둘 때 남자 근육이 많이 쓰였으니까. 처음엔 여성 근육보다 더 중요한 구실을 했다는 게 아니라 함께 살다 보니 '남자 근육이 농사에 쓸모가 있었다'는 데 지나지 않았죠. 한데 먹을거리가 넉넉해질수록 남자 근육 구실에 힘, 권력(權力)이 붙었습니다. 그리 된 바에는 '남은 먹을거리를 내 자식에게 물려주는 게 낫겠다'고 생각한 남자가 많아졌고요. 말하자면 내 땀으로 일군 걸로 남 좋은 일 할 까닭이 없겠다 싶었겠죠. 하여 내 핏줄을 타고난 게 틀림

없는 아이를 미리 알아 둬야 했을 겁니다. 바야흐로 '아버지가 지배하는 가족'이 나타난 거예요. 가부장제(家父長制)!

아버지가 지배하는 가족 짜임새는 1만 년 동안 아들에게로 이어져 오늘에 이르렀습니다. 힘센 남자만의 세상을 이뤘죠. 여성이 남자에게 다스려져 몸과 마음을 마음대로 움직일 수 없는 세상. 남자는 바깥일, 집 밖에 나가 경제 사회에 얽힌 노동에 걸맞은 지위와 명예 따위를 누렸어요. 여성은 집안일, 집 안에 남아 빨래하고 밥하며 아이를 키워야 했고. 한국 남자가 자기 짝을 두고 "집사람"이나 "안사람"으로 낮춰 부르게 된 바탕에 가부장제가 있는 셈이죠. 좀 더 예사롭게는 여성과 남자를 아울러 이를 때 "여남"이라 하지 않고 "남녀(男女)"라 하게 된 바탕일 겁니다.

힘센 남자 세상이니 말 앞자리마저 '남(男)'차지가 되고 말았어요. '부모(父母)'와 '형제자매(兄弟姉妹)'처럼. 심지어 여성으로 태어난 사람을 일컫는 '여자(女子)'라는 낱말에까지 '아들 자(子)'를 썼죠. 그리된 건 여성을 남자에 뒤따르거나 밑에 있는 사람으로 여겼기 때문으로 보입니다. 글자 '여(女)'를 일컬을 때 "계집 녀"라고 낮춰 말한 것도 매한가지고요. 힘 좀 있다고 여성을 뒤나 아래에 뒀으니 사람들 생각이 많이 짧았던 것 같습니다. 여성을 밥솥과 세탁기와 아기 만드는 기계쯤으로 여긴 것이나 마찬가지였으니까. 사람이 사람을 어찌 뒤나 아래에 두거나 기계쯤으로 여길 수 있나요. 상식이 전혀 없는 짓이었지만 남자는 자신이 뭘 잘못하고 있는지 알지 못했죠. 오랫동안. 지금도 그런 듯하고.

선거권 얘기를 좀 더 해 볼까요. 나 대신 공직에 나아가 말하고 움직일 사람을 뽑는 권리. 여성·남자·흑인·황인·백인인지에 따른 차별 없이 다 자란 사람, 즉 성년(成年)이 되면 누구나 한 표를 던질 수 있는 걸로 우리는 알고 있죠. 대학을 나왔는지와 돈이 많은지 따위를 따로 헤아려 한두 표를 더 주는 것도 아니고요. 한데 선거에서 '누구나 한 표'를 부려서 쓸 수 있게 된 건 그다지 오래전이 아닙니다. 265년 전인 1755년 지중해 섬나라 코르시카공화국에서 누구나 한 표를 던지는 보통선거가 처음 시작됐다지만 여성은 함께하지 못했거든요. 여성은 '보통선거에 함께할 수 있는 누구나'가 아니었던 거죠. 그때로부터 138년이 흐른 1893년에야 뉴질랜드에서 여성이 처음 표를 던질 수 있었습니다. 영국에선 35년이 더 흐른 1928년에야 여성에게도 투표할 권리가 생겼는데 그리되기까지 수많은 서프러제트(suffragette, 여성 참정권 운동가)가 피를 흘려야 했죠. 혁명으로 왕을 자리에서 끌어내렸을 정도로 민주주의에 익숙한 프랑스조차 1944년에야 여성을 '보통선거에 함께할 누구나'로 보기 시작했습니다. 1755년 코르시카에서 보통선거가 시작된 뒤 무려 189년 만이었어요. 1789년 혁명 때 모든 사람은 태어날 때로부터 자유롭고 평등할 권리가 있음(천부인권天賦人權)을 널리 펴서 말한 프랑스라지만 여성을 빼놓았던 거죠. 혁명 뒤 155년 동안이나 여성을 태어날 때부터 지닐(천부天賦) 게 없는 사람으로 여긴 겁니다. 음. 앞서 말했듯 사우디아라비아 여성은 2015년 십이월 12일에야 처음 표를 던질 수 있었어요. 코르시카에서 첫 보통선거가 있었던 1755년으로부터 무려 260년이 흐른 뒤였죠. 이백, 오십 년. 사우디아라비아 여성의 울음과 한숨. 도무지 가늠할 수 없네요.

    페미니즘은 오랜 가부장제 때문에 비틀어지거나 잘못된 걸 바로잡으려는 생각이자 움직임입니다. 누구나에게 고르고 판판한 민주주의를 노래했음에도 여성만은 끝까지 집 안에 가두려 한 짓을 돌이켜 보는 거. 사람 몸 생긴 게 성(性)에 따라 다르되 그게 곧 권력 있고 없음을 가르는 기준일 순 없다고 깨닫는 거. 그리 기운 세상을 올바르게 고치는 거. 이제 알겠습니까. 여성과 남자는 권력 높낮이 없이 똑같은 사람이라는 거. 여성 몸에 남자 마음을 가졌거나 남자 몸에 여성 마음을 가졌든, 한 몸에 두 성(性) 마음을 모두 가졌든, 한 몸에 여러 마음이 얽혔든 아무 상관없이 누구나 똑같은 사람이라는 거. 고르고 판판히 존중할 사람이라는 거. 이제 함께할 수 있겠습니까. 페미니즘 앞세우는 거. 깃발 세우는 거. 즐거운 세상 함께 만드는 거.

참고 문헌

배우고
익히며

책. 요즘 '페미니즘하다'를 품게 된 까닭 가운데 하나죠. 살펴서 생각할 밑거름이 됐습니다. 살펴서 도움이 될 만한 바탕으로 삼았고요. 때론 깜짝 놀랄 만큼 가슴 아픈 이야기를 만난 바람에 다음 쪽으로 눈길 넘어가는 게 몹시 두렵기도 했죠. 음. 수많은 아픔으로부터 여러 생각과 배움을 함께 우려낼 수 있기를 바라며 참고할 만한 책들을 모아 봤습니다.

토마 마티외가 짓고 그린 <악어 프로젝트>는 장난 같은 남자들 휘파람과 말과 몸짓이 여성에게 얼마나 두려운 일인지를 잘 드러냈더군요. 한국보다 많이 앞선 나라로 알았던 프랑스에도 짐작할 수조차 없는 희롱과 추행과 폭력이 고스란했습니다. 크게 놀란 만큼 여러 이야기와 그림이 마음속 깊이 새겨졌죠.

안미선이 쓴 <여성, 목소리들>엔 한국 사회 여기저기에 깊숙이 가라앉은 여성 여럿의 고통이 담겼습니다. 귀 기울일수록 한국에 사는 남자로서 많이 낯부끄러웠어요. 특히 은수영이 어릴 적 자기 이야기를 담은 <눈물도 빛을 만나면 반짝인다>는 뭐라 말할 수 없는 아픔이 가득해 어찌할 바를 모를 지경이었죠. 어머니 아버지 사랑 가득한 집에 남자로 태어난 나로서는 도무지 어림잡을 수 없을 이야기여서 몸 벌벌 떨었습니다. 한국 사회에서 여성이 얼마나 끔찍하게 짓밟히고 있는지를 알게 한, 참으로 무서운 이야기였어요.

재미있게 읽은 책도 있습니다. 김고연주 <나의 첫 젠더 수업>과 옐토 드렌스 <마이 버자이너>와 이인 <성에 대한 얕지 않은 지식>. 리베카 솔닛 <남자들은 자꾸 나를 가르치려 든다>와 페기 오렌스타인 <아무도 대답해 주지 않은 질문들>에도 곰곰 곱씹어 볼 게 많았고요. 음. 내 생각 담은 <아들아 콘돔 쓰렴—아빠의 성과 페미니즘>도 많이 부끄럽지만 넌지시 밀어 넣었습니다. 짬 날 때 한 번 읽어 보시죠. 함께 배우고 익혀 더 나은 세상 만들어 봅시다.

가나다순으로

강남순, 〈안녕, 내 이름은 페미니즘이야〉, 동녘주니어, 2018.

게르드 브란튼베르그, 노옥재·엄연수·윤자영·이현정 옮김, 〈이갈리아의 딸들〉, 황금가지, 1996.

권김현영, 손희정, 박은하, 이민경, 〈대한민국 넷페미史〉, 나무연필, 2017.

권인숙, 〈권인숙 선생님의 양성평등 이야기〉, 청년사, 2007.

권인숙, 〈대한민국은 군대다〉, 청년사, 2005.

김경화, 〈세상을 바꾼 미디어〉, 다른, 2013.

김고연주, 〈나의 첫 젠더 수업〉, 창비, 2017.

김광기, 김용학, 김호기, 김환석, 박병진, 윤정구, 이재혁, 이희영, 장원호, 〈대한민국은 도덕적인가〉, 동아시아, 2009.

김성애, 이지연, 〈우리가 성에 관해 알고 있는 것, 그러나 하이틴 로맨스에도, 포르노에도, 나와 있지 많은 것〉, 또하나의문화, 1998.

김익명, 강유, 이원윤, 국지혜, 이지원, 히연, 정나라, 〈근본없는 페미니즘〉, 이프북스, 2018.

김진호, 이찬수, 김홍미리, 박미숙, 〈우리 시대 혐오를 읽다〉, 철수

와영희, 2019.

김향심, 〈딸에게 건네주는 손때 묻은 책〉, 내일을여는책, 2016.

김형경, 〈남자를 위하여〉, 창비, 2013.

다카야나기 미치코, 김정화 옮김, 〈성교육 상식사전〉, 길벗스쿨, 2015.

록산 게이, 노지양 옮김, 〈나쁜 페미니스트〉, 사이행성, 2016.

리베카 솔닛, 김명남 옮김, 〈남자들은 자꾸 나를 가르치려 든다〉, 창비, 2015.

마르타 브린, 제니 조달 그림, 한우리 옮김, 〈시스터즈—만화로 보는 여성 투쟁의 역사〉, 한겨레출판, 2018.

문유석, 〈판사유감〉, 21세기북스, 2014.

민서영, 〈쌍년의 미학〉, 위즈덤하우스, 2018.

박현희, 〈백설공주는 왜 자꾸 문을 열어 줄까〉, 뜨인돌, 2011.

버지니아 울프, 이미애 옮김, 〈자기만의 방〉, 민음사, 2006.

변혜정, 김예란, 나임윤경, 서정애, 김주희, 민가영, 한채윤, 권김현영, 이슬기, 손희정, 소윤, 〈10대의 섹스, 유쾌한 섹슈얼리티〉, 동녘, 2009.

손경이, 〈당황하지 않고 웃으면서 아들 성교육 하는 법〉, 다산에

　　듀, 2018.

서민, 〈여혐, 여자가 뭘 어쨌다고〉, 다시봄, 2017.

수전 팔루디, 황성원 옮김, 〈백래시—누가 페미니즘을 두려워하는

　　가?〉, 아르테, 2017.

스테퍼니 스탈, 고빛샘 옮김, 〈빨래하는 페미니즘〉, 민음사, 2014.

시몬느 드 보부아르, 이희영 옮김, 〈제2의 성〉, 동서문화사, 1992.

안미선, 〈여성, 목소리들〉, 오월의봄, 2014.

안체 슈룹, 파투 그림, 김태옥 옮김, 〈페미니즘의 작은 역사〉, 숨쉬

　　는책공장, 2016.

애너벨 크랩, 황금진 옮김, 〈아내 가뭄〉, 동양북스, 2016.

에리카 종, 이진 옮김, 〈비행공포〉, 비채. 2013.

엔 마를레네 헨닝, 티나 브레머 올제브스키, 김현정 옮김, 〈스무 살

　　전에 알아야 할 성 이야기〉, 예문, 2013.

엘 레너드 케스터, 사이먼 정, 〈세계를 발칵 뒤집은 판결 31〉, 현암

　　사, 2014.

옐렌 스노틀랜드, 한국성폭력상담소 부설연구소 옮김, 〈미녀, 야수

에 맞서다〉, 사회평론, 2016.

옐토 드렌스, 김명남 옮김, 〈마이 버자이너〉, 동아시아, 2017.

오기 오가스, 사이 가담, 〈포르노 보는 남자, 로맨스 읽는 여자〉, 웅
진지식하우스, 2011.

오윤성, 〈범죄는 나를 피해가지 않는다〉, 지금이책, 2017.

오찬호, 〈그 남자는 왜 이상해졌을까?〉, 동양북스, 2016.

우에노 치즈코, 나일등 옮김, 〈여성 혐오를 혐오한다〉, 은행나무,
2012.

우에노 치즈코, 이선이 옮김, 〈위안부를 둘러싼 기억의 정치학〉,
현실문화, 2014.

윤보라, 임옥희, 정희진, 시우, 루인, 나라, 〈여성 혐오가 어쨌다
구?〉, 현실문화, 2015.

은수영, 〈눈물도 빛을 만나면 반짝인다〉, 이매진, 2012.

이민경, 〈우리에게도 계보가 있다〉, 봄알람, 2016.

이민경, 〈우리에겐 언어가 필요하다〉, 봄알람, 2016.

이운진, 〈세상에서 가장 아름다워질 너에게〉, 창비, 2012.

이은용, 〈아들아 콘돔 쓰렴—아빠의 성과 페미니즘〉, 씽크스마트,

2018.

이인, 〈성에 대한 얕지 않은 지식〉, 을유문화사, 2017.

정희진, 김고연주, 박선영, 김애라, 윤이나, 김홍미리, 문미정, 이유나, 김주희, 최은영, 하정옥, 장이정수, 〈소녀, 설치고 말하고 생각하라〉, 우리학교, 2017.

제인 오스틴, 윤지관·전승희 옮김, 〈오만과 편견〉, 민음사, 2003.

제인 폰다, 나선숙 옮김, 〈돌직구 성교육〉, 예문사, 2016.

조남주, 〈82년생 김지영〉, 민음사, 2016.

조남주, 최은영, 김이설, 최정화, 손보미, 구병모, 김성중, 〈현남 오빠에게〉, 다산책방, 2017.

최승범, 〈저는 남자고, 페미니스트입니다〉, 생각의힘, 2018.

최태섭, 〈한국, 남자〉, 은행나무, 2018.

추와이훙, 이민경 옮김, 〈어머니의 나라〉, 2018.

치마만다 응고지 아디치에, 김명남 옮김, 〈우리는 모두 페미니스트가 되어야 합니다〉, 창비, 2016.

캐서린 메이어, 신동숙 옮김, 〈이퀄리아〉, 와이즈베리, 2018.

클로딘느 사게르, 김미진 옮김, 〈못생긴 여자의 역사〉, 호밀밭,

2018.

토마 마티외, 맹슬기 옮김, 〈악어 프로젝트〉, 푸른지식, 2016.

페기 오렌스타인, 구계원 옮김, 〈아무도 대답해 주지 않은 질문
들〉, 문학동네, 2017.

홍승은, 〈당신이 계속 불편하면 좋겠습니다〉, 동녘, 2017.

해나 디, 이나라 옮김, 〈무지개 속 적색〉, 책갈피, 2014.

헤일리 롱, 김인경 옮김, 〈소녀가 된다는 것〉, 봄나무, 2016.